艺术人生系列

Gauguin
高更

〔意〕菲奥雷拉·尼科西亚 著
张宸 译

陕西新华出版传媒集团
太白文艺出版社

目　录

1848—1886　印象派的继承者　　　7
　　一个原始人的童年和教育
　　绘画的开端
　　和毕沙罗以及其他印象派画家在一起
　　从鲁昂到哥本哈根
　　蓬塔旺

1887—1890　对"原始"的追寻　　　41
　　巴拿马和马提尼克岛
　　从布列塔尼到普罗旺斯
　　勒普尔迪

1891—1895　逃往塔希提　　　89
　　在塔希提的前几年
　　逃回法国

1896—1903　太平洋和马克萨斯群岛　　　121
　　永别欧洲
　　我们从何处来？我们是谁？我们向何处去？
　　人类的土地
　　享乐之家

年表　　　153
索引　　　156
参考书目　　　159

1848—1886
印象派的继承者

一个原始人的童年和教育

保罗·高更

在伟大的艺术家保罗·高更逝世后的一个多世纪，已有许多关于他的文件、书信、自传等形式来展现他在生活中的各种细节和情感变化。尽管如此，他最内在的思想对于我们来说仍是一个谜团，同样，他的画作也是如此。从他的画作中体现永恒的、自发的、活跃的灵感里我们可以看出，他努力使自己不属于任何流派，不去遵循任何标准，而是创作神秘的、具有象征意义的艺术内容。他极富热情的艺术研究明显地植根于印象派的自然主义体系，以及所谓的"新印象派"的科学体系，然后，他又很快脱离了这些体系，转而支持色彩的主体性，支持一种更具综合性的风格。这种风格来自这个时期之前流行的日本艺术，来自他对异国风情主题的欣赏。这种风格富含很多看似不合理的内容，具有神秘性和象征性。很有可能是因为高更思想上极具创造性的自由，他的许多作品的装饰感，衍生了"新艺术主义"的雏形，发展为德国表现主义的缩影，一直体现在野兽派对色彩暴力的运用中。

对于高更来说，艺术是一种生动、自发的语言，和那种普通的、资产阶级的形式相比，它是一种诗一般的、理想化的形式，是对自己不安稳、充满激情的灵魂的一种必要的表达方式。他总是追随着自己最有创造力的本能，追随着自己心中理想化的自由，总是在尝试以前没有过的创作风格。高更在1888

年这样写道："你们不要模仿自然,艺术是一种抽象,你们要从自然中找到它,但是你们要梦想它,你们要把它认为是创造,而不是结果。"之后,他还求助于凡·高:"我不懂诗,这可能是我缺少的一种感受。我发现所有的都是有诗意的,它们藏在我的内心深处,然而当我发现诗的时候,它们又是那么神秘,从诗中得到的颜色和形式都是和谐的,因为它们是为诗本身而产生的。"

高更人生中唯一真正具有悲剧色彩的便是他所追寻的艺术灵感和审美理念的不可能性,以及因为经济需要又不得不实现这些理念的内在必要性。高更总是被经济问题所困扰,也经常因为家庭问题而忧虑。他曾建立过多个家庭,但最终都抛弃了它们而去追寻自己的信念,因而他也常常为此感到有罪恶感。然而他的这些焦虑,他对资产阶级的处境悲剧性的反抗并没有使他停止对艺术灵感的追寻。他曾说:"这是艺术家的人生注定要受的磨难。也许正是这种磨难让艺术家们活着,正是这种激情让我们精力充沛。当它失去给养的时候,我们就会死去。我们就会离开这条布满荆棘的小路,尽管它本身也有着野蛮的诗意。"当他想念他的祖国,那些南部海岸遥远又"原始的"土地时,他这样说道:"在那里我不会考虑我的经济问题,在那里我会觉得我好像从来不知道该如何进行我的艺术创作。"

高更的外婆,
弗洛拉·特里斯坦

高更的母亲,
阿琳娜·玛丽·沙扎尔

所以，高更的一生便是在追寻他所遗失的天堂，因为在那里艺术与自由共存。他向凡·高这样写道："您知道我有一些印第安人和印加人的血统，而我所做的一切都被画上了它们的标记，这是我人格的基础。"

"在文明的进程中，我一直试图寻找一种来自原始层面的、更自然的东西。"也许，这一切真的是源于他特殊的家庭血统。他的外婆，弗洛拉·特里斯坦，是一位有才华、有激情的女作家，高更对她的了解完全来自母亲的讲述。她有着独特的性格，支持革命性的社会主义思想，是首批女权主义运动者之一。她来自西班牙的贵族家庭，她的家庭跟随西班牙殖民者迁往秘鲁，后

自画像（1877）
剑桥（马萨诸塞州），
福格艺术博物馆

高更的母亲（约1890）
斯托卡达，斯图加特州立绘画馆

静物画：鱼（约1878）
哥德堡，哥德堡艺术博物馆

木陶壶和金属砖块（1880）
芝加哥，芝加哥艺术学院

到法国生活。此时她展现了政治上的独立主张，嫁给了奥尔良一个出身卑微的雕刻师，名叫安德烈·沙扎尔。这段激荡不安的婚姻对于美丽又独立的弗洛拉来说是毁灭性的，她的丈夫于1844年暗杀了她。也就是在这段婚姻里她生了一个男孩和一个女孩，这个女孩就是高更的母亲，阿琳娜·玛丽·沙扎尔。

阿琳娜只继承了母亲西班牙人的面庞，思想上则十分平和、稳定，没有弗洛拉那种政治上的激情，高更曾称其外祖母为"流淌着蓝色血液的无政府主义社会活动家"。阿琳娜和一名叫奥尔良·克洛维斯·高更的记者结了婚，他们的婚姻本可以带给她平静的家庭生活，然而1848年法国二月革命爆发，1849年拿破仑三世路易·拿破仑·波拿巴扼杀了法兰西第二共和国，出于对共和主义的热爱，使得这个政治新闻记者——克洛维斯·高更踏上了远离法国的道路。于是，在1849年8月，他决定全家搬

睡觉的女婴

（1881）

哥本哈根，奥德罗普格园林博物馆

往秘鲁，投奔妻子的亲戚。此时他们已有两个孩子：长女玛利亚，只有两岁；小儿子保罗·高更，当时在户口簿上登记的信息为欧仁-亨利-保罗，于1848年6月7日出生在巴黎蒙马特尔洛雷特圣母院大街的家中。

然而不幸的是，在漫长的行程中，当他们渡过麦哲伦海峡时，克洛维斯·高更患上了心脏病，并且罹患动脉瘤，刚刚踏上异国的土地便离世了。从此，阿琳娜成了一位年轻的寡妇，带着两个幼小的孩子又没有什么钱财，这时一位亲戚，年迈的唐·皮奥·特里斯坦·尹·莫斯科索，在华丽的宫殿热情地接待了她们。这位亲戚是弗洛拉父亲的兄弟，也是利马（秘鲁首都）有名的富人。于是，保罗·高更童年的前期便在一个奢华、丰裕的环境中

高更的姐姐，玛利亚·乌里贝

保罗·高更

梅特·加德（1879）
伦敦，考陶尔德艺术画廊

不幸的是，高更一家在秘鲁童话般的生活在1855年被无情地打断了——高更在奥尔良居住的祖父去世了。得知这个消息，阿琳娜不得不带着她的孩子回法国，去分割那微薄的家产。

古老的法国城市的环境与之前他们生活过的秘鲁完全不一样，这里的房子既朴素又简单，这里的另一个亲戚伊西多罗，也没有之前小高更在秘鲁所认识的那个亲戚有魅力，这里的生活无法让他感受到自由与狂野。

小高更到了这里之后便被送去了寄宿学校，当他十一岁上中学后，就从未得到过与其聪明才智相称的

度过了。同时这也是一个古怪的、接近自然的环境，到处生长着丰富的、原始的植物，不同国籍、不同肤色的人说着不同的语言，这样自由的、无忧无虑的环境是他在欧洲不可能拥有的。

古斯塔沃·阿罗萨

过人成绩。十四岁的时候，他为了上海军学校搬往巴黎，他的母亲就此在巴黎当了一名缝纫工。在巴黎的日子里，他和母亲的关系相处得十分融洽。1890年，他在母亲年轻时的照片上得到灵感，画了许多果断又自信的肖像画，还加上了《一个原始人的作品》中感人的描述："……是如此欢快又令人喜爱……这目光十分温柔、坚决、纯洁又充满爱意。"

1865年，保罗·高更做出了逃离他人生的一个重要决定——参加海军。之后，他在勒阿弗尔港登上了"路齐塔诺号"，这是一艘驶往南美洲的商船。虽然他在这里不一定能得到军衔，但他还是决定在这里做一名舵手的学徒。

1866年10月，他被提升为海军少尉，登上"红辣椒号"便开始了漫长的征程。然而1867年，当他在环游世界的途中，传来了母亲的死讯，于是他回到法国短暂地停留了几日。在此期间他得知，母亲在濒死之时，已经将他托付给了一名家族好友照顾，这个好友便是古斯塔沃·阿罗萨。古斯塔沃·阿罗萨博学多识，曾经是一名艺术摄影师，收藏了许多现代画作，同时也是一名杰出的画家。高更日后走上艺术的道路，可以说与这位家族好友有着重要的关系。

在回到他所熟悉的生活之前，高更不得不服完三年的兵役，于是他便登上巡洋舰"杰罗姆-拿破仑号"，艰难投身于1870年爆发的普法战争中。1871年春，高更退伍，然而不幸的是，他发现母亲在巴黎的房子被盗了，并且被普鲁士的军队毁坏。同时，他的姐姐已经和一个智利人结了婚。二十三岁的高更这才发现自己既没有家庭也没有亲人，只好向他的保护者古斯塔沃·阿罗萨寻求帮助。古斯塔沃十分慷慨地帮助了他，为他找了一份薪资既可观又受人尊敬的工作：交易员，在证券经纪人保罗·柏迪手下工作，工作地点在巴黎的拉菲特街。

于是，一名不安、冲动的海员变成了一名受人尊敬的资产阶级职员，对面对全新人生的保罗·高更来说必然少不了一段美好的婚姻。他与梅特·加德于1873年结婚。梅特·加德是一名美丽、朴素的丹麦女孩，他们结婚前一年在巴

艺术人生——高更

黎相识。当时梅特正在和好友一起度假,看到高更,她一下子就爱上了这个有趣的男孩。从他充满气质、神秘的目光中,从他高大的身姿和健壮的体格中,她仿佛看见了一个平和、善良的丈夫。可想而知,两人并不熟识对方,甚至当时的高更都没有察觉到自己真实的想法和激情是什么,它们被隐藏在他想要过一段平静、稳定的生活的愿望之下,但是它们迟早会将他带离这种宁静的生活。

与此同时,高更内心对艺术和绘画的向往之情日渐增长,在他的一生中,他对艺术的追求可以说是十分折磨人的。他一直在一对永恒的矛盾中挣扎:一方面,他力求过上一种自由、"原始"的生活,无法抵抗自己想要绘画创作的激情;另一方面,他又十分想要对自己的家庭负责,在这种情况下只想过上普通的资产阶级生活,甚至更少,他只是想做好自己作为丈夫和父亲的角色。

高更的妻子,梅特·加德

正在缝纫的梅特·加德（1878）
阿贝格，阿贝格基金会博物馆

保罗·高更和他的妻子梅特·加德

桌子前的自画像（1885）
沃斯堡，金贝尔艺术博物馆

绘画的开端

梅特曾就丈夫的激情说过一段话，也许就是因为这些话使他们彼此分开："保罗画画的想法不是被谁启发的，他画画只是因为他不能去做别的。而当我们结婚的时候我完全不知道他的生活中还有画画的需要。我们刚结婚，他就开始每周末去画画，有的时候他也会去科拉罗西画室画，但是他从来没想过要成为一个艺术大师。"

其实保罗·高更在古斯塔沃·阿罗萨家时就对绘画产生兴趣了。古斯塔沃·阿罗萨收藏了许多画作，其中有库尔贝、德拉克洛瓦、科罗的，还有一些现代的先锋派的画家作品，比如毕沙罗的画作。在阿罗萨以及著名美术馆馆长保罗·迪朗－吕埃尔的指引下，高更开始参观美术馆、画廊和画展，渐渐地，他自己也变成了一名艺术爱好者及收藏家。他尤其偏爱印象派的画作，比如莫奈、阿尔弗莱德·西斯莱、马内、雷诺阿、毕沙罗以及塞尚的画作。阿罗萨的女儿玛格丽特·阿罗萨是一位画家，

穿晚礼服的梅特·高更（1884）
奥斯陆，挪威国家美术馆

艺术人生——高更 17

高更的儿子，让-勒内·高更（1883—1884）

高更的儿子，两幅埃米尔·高更的画像（1875—1876）

在她的影响下，高更开始尝试画一些油画，之后在很长一段时间内，他和埃米尔·舒芬尼克尔成了同甘共苦的朋友，而且高更还和这个温和、忠诚、有着阿尔萨斯血统的男人在贝尔坦事务所共事。在空闲时间，若是得到了妻子的允许，他便愉快地去画画或者逛画展和博物馆。他对妻子一直有着深深的爱恋和温顺的服从。

高更和埃米尔一同在科拉罗西画室学习绘画，在此期间，他们发现自己深深热爱着艺术事业。在几年的时光里，对绘画的热爱占据了高更的精神世界。就这样，他一边把所有的空闲时间让给绘画、简单的木雕和大理石雕刻，一边还要面对孩子的诞生。他的第一个儿子生于1874年8月，名为埃米尔，同他的挚友舒芬尼克尔的名字一样。接着1877年女儿阿琳娜出生，1879年第二个儿子克洛维斯出生，1881和1883年让-勒内和保罗先后出生。高更早期的作品十分明显地在模仿柯罗的风景画以及巴比松学派的（或者说枫丹白露画派）画家的风景画。1830年左右，这些画家受到17世纪荷兰风景画派的影响，开始以一种更简单、更直接的手法画野外风景画。所以高更在1874年至1875年期间的风景画有着比较传统的布局，色彩运用也很平常，此时他还没有受到印象派的影响。

印象派这个名字来源于莫奈的一幅画

《日出·印象》，这幅画概括性、即时性的风格引起了业界很大的争议。1874年4月15日，一群印象派的年轻艺术家在纳达尔摄影工作室举办了第一届公开画展，这是一次重要的、历史性的变革。它改变了人们观察的方式、绘画的颜色和形状，改变了人们对日常的城市生活和风景的艺术表达方式。高更是通过与古斯塔沃·阿罗萨的接触认识了印象派。阿罗萨向给高更介绍了一位画家：卡米耶·毕沙罗（1830—1903）。

从那时起，毕沙罗便成了高更的老师，并一直加强高更在艺术上与自然的紧密联系。就像史上著名的印象派画家约翰·里瓦尔德曾所写的那样："在高更接触了毕沙罗之后，印象派画作就成了他生活中灵感的主要来源，并且将他的艺术研究向类似的方向引导。"于是，高更的艺术道路便由毕沙罗的引导而开启，并在塞尚更理性、更综合性的作品影响下发展，最终像我们所看到的那样，他逐渐从印象派的自然主义中解放出来，踏上了一条崭新的、寻找自我的道路。

1876年，高更对自己所选择的生活方式更加自信了，于是他决定向沙龙邮寄一幅油画作品《维罗弗莱的风景》，这幅作品当即被对方接受。

风景（1874—1875）
剑桥，菲茨威廉博物馆

杨树风景画（1875）
印第安纳波利斯，印第安纳波利斯艺术博物馆

克莱里埃（1874）
奥尔良，奥尔良美术馆

对印象派的解释说明

印象派大约诞生在1860年,当时一些年轻画家的艺术研究都向自然主义风格和反学院派风格的方向发展,这些画家包括欧仁·布丹、莫奈、毕沙罗、雷诺阿、巴齐耶、吉约曼、西斯莱、德加和塞尚。他们反对历史题材的官方作品,努力在室外进行绘画,面对着想要描绘的景色,寻找着色彩无限的可能性,力求表现"印象"的稍纵即逝感和光线的瞬时感,以及表现人的视觉对现实的感知。1874年,在纳达尔摄影师的画室进行的一届著名画展上,给予了这个画派"印象派"的称谓,随即而来的七届画展,使得公众与评论界越发关注印象派。第二届和第三届画展分别在1876年和1877年举办。在1879年的第四届集体画展上,受毕沙罗和德加的邀请,保罗·高更首次和印象派画家一同展出了作品,不过只展出了一件雕塑作品。

在1880年的第五届画展上,他又展出了七幅画作和一件大理石半身像雕塑,但评论界认为他真正的成功是在1881年的第六届画展。在他展出的八幅画作和两件雕塑作品

裸体习作(1880)
哥本哈根,新嘉士伯美术馆

中，一幅裸体画像被业界极力称赞。著名的自然主义作家、评论家于斯曼在看过高更的作品《裸体习作》后，他的热情被极大地激发了。因为高更在这幅作品中完全没有任何使女性身体美化、理想化的尝试，这幅画的模特就是高更家的女仆。于斯曼写道："我断言，在当代裸体画像的创作者中，还没有人的画作具有如此强烈的现实主义色彩，包括库尔贝……这才是当今时代的女人。她不为观众搔首弄姿，既不色情也不做作，她只是忙着缝补自己手中的衣物……啊！裸女！有谁曾经画过如此高傲、真实、没有预先摆好姿势、不掺假的裸女！"

然而，于斯曼似乎只是被裸体的意义所打动，并没有提到高更的绘画方式，高更对于这一点曾向毕沙罗倾吐不满。高更还参加了最后的两届画展：第七届画展在1882年，他共展出了十二幅画作和一件其子克洛维斯的半身像雕塑；第八届在1886年，展出了十九件绘画作品，这些作品分别是在鲁昂、丹麦和布列塔尼完成的。总而言之，尽管高更参加了最后五届画展（自1879年至1886年），但根据他后来被认为是彻底的印象派主义的那些作品，我们可以说在1886年之前的作品的意义并不大。

其实，他已经意识到自己已超越了印象派主义革新的绘画技术，早已能将画面变得很抽象、有象征意义。他在1901年的一封信件中这样写道："在一幅画中人们应当试图找到更多的暗示，而非描述，就好像余韵都飘散在音乐之中一样。"

和毕沙罗以及其他印象派画家在一起

尽管高更的作品《维罗弗莱风景》被沙龙热情地接受了,但这对于高更来说也许是一个过错,因为他一直试图遵循着创新性和原创性的原则。高更一直试图接近印象派画家,他被这些画家的作品中带有的创新性深深地吸引着。毕沙罗则是这些印象派画家中比较外向、活跃的一个代表,他总是在帮助高更。尽管据说当时高更的绘画水平还很业余,也不太会构图和配色,他在1875年的作品《塞纳河桥》其实还是有着学院派的构图特色,但它的颜色已经很浓重,柔和的光线也和毕沙罗的画很像。

于是,在前辈的指导下,高更开始真正地着重于研究印象派主义,参观蒙特马尔高地山坡上的一些场所,以个人的名义结交了马内、莫奈、雷诺阿、吉约曼和德加,说实话,当时这些人都不是很看重他。当时高更致力于完善绘画技术,同时也试图挑战其他的艺术形式,比如雕塑。他在1877年向他的新房东,雕塑家布约学会了雕塑技术。他雕刻了一件自己儿子埃米尔的大理石半身像,并在印象派展览中将它选为第一件展品。在1879年,收到了令人喜悦的第四届展会邀请后,高更立刻给毕沙罗回信道:"我非常乐意接受您和德加先生热情的邀请,

埃米尔·高更(1879)
纽约,大都会艺术博物馆

毕沙罗绘高更像,高更绘毕沙罗像(约1880)
巴黎,罗浮宫博物馆

公园里的家庭（1882）
哥本哈根，新嘉士伯美术馆

有树的凹地和房屋（1879）
北安普敦（马萨诸塞州），史密斯学院艺术博物馆

我定会努力研究您的协会所定下的各种规章制度（即不在沙龙展出），我下定决心要这样做的同时，也尊重您的安排。"然而，他的决定来得太迟了，导致画展没来得及将他的名字列入目录。

1879年和1880年，高更在蓬图瓦兹和奥斯尼度过了暑假，同时和毕沙罗一起工作，有机会认识了塞尚，而且很可能向他学习了他画中充满理智的、严密的精确性以及感觉上的直接性的画法。在接近印象派的过程中，高更很清楚地表现了一种偏好，他更喜欢构图紧实、牢固的画作，比如毕沙罗、塞尚和

德加的画作，而不倾向于有广阔视野或者鲜明色彩的画作，比如莫奈的和雷诺阿的。

在这期间高更创作了数不胜数的作品，大多都是受一些家庭的、熟悉的主题启发，并且能看出他在绘画风格上受到了德加的影响。对于高更来说，德加是一个典范，是一个基本的参照，即便从个人生活方面来说也是这样。两人在性格和思想上的关系十分密切，在此基础上，他们建立了深厚的友谊。事实上，两人都被认为是强硬的个人主义者和贵族无政府主义者。

在1880年第五届画展上，高更展示了一件大理石半身像作品和七幅绘画作

女歌者瓦莱丽·鲁米（1880）
哥本哈根，新嘉士伯美术馆

塞纳河桥（1875）
巴黎，奥赛博物馆

雕塑家奥贝和他儿子的肖像（1882）
巴黎，小皇宫博物馆

品（其中有一部分是在蓬图瓦兹完成的），之后又在第六届画展上展出了八幅画和两件雕塑。第二年他便租下了卡塞尔大街八号的一座宽敞、舒适的房子，并将这里打造成一个适合工作的画室。他总是充满激情，甚至还想在陶瓷制品上发挥自己的才能。

他在1881年创作的《巴黎卡塞尔大街的艺术家之家内部》（1882年第七届印象派画展上，这幅作品大获成功）以及1882年创作的彩色粉笔画《雕塑家奥贝和他儿子的肖像》，这两幅作品的剪裁和镶框上有着打破常规的创作。颤抖的笔触、明亮而生动的配色，都使得这两幅作品能够极好地展现高更在绘画风格上的变化。参加这些画展不但激励了高更在追寻艺术的道路上更加严肃地走下去，同时，这条路也带他远离了他的工作，远离了他扮演的丈夫和父亲的角色。

雪,卡塞尔大街(约1882)
哥本哈根,新嘉士伯美术馆

巴黎卡塞尔大街的艺术家之家内部（1881）
奥斯陆，挪威国家美术馆

从鲁昂到哥本哈根

巴黎证券交易的危机和工会的倒闭迫使各个证券交易所进行裁员，这直接导致高更在1883年10月被解雇，同时，这也为高更提供了一个机会，下决心开始他的艺术事业。尽管妻子强烈反对，他还是抓住了这次机会离开了金融业，转而全身心地投入艺术之中。很明显，一个重要的问题产生了，他不能保证妻子和五个孩子在经济上的无忧，无法提供他们之前习惯的那种舒适的生活。于是他追随着毕沙罗的脚步，决定在1884年1月举家由巴黎迁往诺曼底的鲁昂。相比巴黎这是一座更小的城市，生活消费没有那么昂贵，环境也很宁静。

然而很快，高更对于自己仅凭艺术事业的收入来支撑家庭的乐观

在腓列特斯贝公园溜冰（1884）
哥本哈根，新嘉士伯美术馆

计划破灭了，因为这座城市闭塞、庸俗且市井，并且对他这种不能遵循传统的艺术完全不感兴趣。他们在到达鲁昂后仅居住了八个月，在此期间高更几乎没能卖出一幅画，也没能以其他方式赚到钱，他的妻子梅特感到十分的担忧和失望，打算带着五个孩子回哥本哈根。高更跟随着她，希望能在丹麦遇到展现他画作的更大可能性。但是高更"现代化"的作品在北方也难受到欢迎，而且，加德一家充满了令人讨厌的资产阶级思想，他们非但不支持高更的想法，还认为这是他不负责任的失败。为了解决当时的经济问题，妻子梅特准备去教授法语，然而此时高更正试图举办他的个人画展。1885年5月，他在哥本哈根一个朋友的艺术公司举办了画展，果不其然，画展变成了一场灾难，在展出

静物画：曼陀林（1885）
巴黎，奥赛博物馆

睡着的少女（1884）

仅五日后,便在公众的声讨和批评声中关闭了。同时,为了补贴家用,高更开始了另一项工作,他成了法国一家公司(A.Dillies & Co.)的代理商,在丹麦出售防水织物。但是从经济的角度来看,尤其是从人性、精神的角度来看,这种状况让高更感到难以忍受,因此在这个阶段,他的画作都充满了悲伤的气氛,他从丹麦写给朋友舒芬尼克尔的信件也都是沮丧的、绝望的。

于是,接下来他做了一个合乎逻辑的决定:带着对艺术的赤诚之心,离开丹麦回到巴黎。1885年夏天,他带着自己六岁的儿子克洛维斯,几乎身无分文地回到了巴黎。然而巴黎对他并不友好,他被迫只好向好友舒芬尼克尔寻求住所,此时他的儿子暂时寄养在高更的姐姐玛利亚家。1885年到1886年间巴黎的

室内静物画(1885年初)

冬季对于高更来说是一段非常糟糕、戏剧性的时期。极端恶劣的生活阻碍了他工作，他不得不考虑如何能让自己和儿子不挨饿，而此时儿子又得了天花。他只好去适应自己每天出去张贴广告只赚五法郎的生活状况。渐渐到了春天，生活状况有了一些好转，他的儿子克洛维斯已经痊愈了，被委托给一位退休人员照顾，高更又开始了他的绘画。5月，他参加了第八届印象派画展，也是最后一次印象派画展，共展出了他的十九幅作品，这些作品引起了知名评论家费利克斯·费内翁的注意。这次画展标志着印象派运动的结束，随之而来的是"点彩派"的新趋势，即由修拉和西涅克引领的"科学的"印象派。在这样的背景下，高更也被认为是一位有原创性的革新者。他在给自己的妻子的信中这样写道："我们的画展又一次顺利地引起了印象派的争议，我在其中获得了很大成功。"

鲁昂的蓝色屋顶（1884）

和凡·高相遇

1886年11月,高更离开布列塔尼返回巴黎,他忠实的好友舒芬尼克尔在勒古布酒店为他寻得了一处简单的居所,让他和儿子在此居住。就是在这里,高更结识了文森特·凡·高和提奥·凡·高。这两个荷兰人在布索-瓦拉登的一家商店里工作,这家店铺位于蒙特马尔的奥斯曼大街,主要从事印刷品、艺术品和当代绘画作品的交易。

其实,文森特·凡·高(1853—1890)刚刚搬来巴黎,他打算长期在巴黎进行绘画创作,此时他发现了印象派的革新,以及认识到日本艺术的魅力。文森特首先被高更的作品所吸引,尤其对他在蓬塔旺画的那些画,更是表达了由衷的赞美。然后是他的弟弟提奥,作为一名艺术品交易专家,他对推动现代绘画的发展十分感兴趣,便决定向画廊购入一些高更的画作和雕塑。在1888年文森特和高更在阿尔勒既激荡又悲剧地共同生活之前,他们的关系就已经显得有些错乱了。高更有着很强的个性,同时也有着冷漠、狂野的性格,这使他时常会产生自大、骄傲的情绪,并且只关心自己的事情。而文森特则相反,他很脆弱,很谦虚,对自己没有太大的信心。

自从文森特遇见高更便对他极度殷切,对他抱有深深的敬意,于是,如此丰富的情感结果让高更变得过度蛮横。他愤怒的情感和"杰出的心灵"偶尔会使他变得易怒且不耐烦。两人在性格上的差异也反映了二人在绘画上的差异。凡·高一直试图描绘真实,以一种冲动的残暴追寻着真正的自然(他常常不知道自己在做什么,画画的时候仿佛是一个梦游者);而高更的作品则被不理性和梦境所吸引(他先梦想,然后再安静地作画),更不受自然的约束,并且以象征性的、综合性的颜色和形式为特点。

画向日葵的文森特·凡·高(1888)
阿姆斯特丹,凡·高博物馆

蓬塔旺

高更越来越远离那些印象派作画的理论原则,他在自己的创作主题中建立了一种更深层的情感对照,而不单单是对于自然和光线的综合感知。他的美学甚至远远胜过新印象主义和新印象派画家的新风格。一位高更的追随者,艺术家莫里斯·丹尼斯写道:"这个充满困惑与革新的阶段是由于凡·高和高更才得以产生的。对比新印象主义的修拉,他们代表着野蛮、革命和无序,最终变成一种品位。在最初,他们的努力是看不出来的,在同一时间内是很难把他们的理论和旧的印象派主义区分开的。对他们来说,同样也对他们的前辈来说,艺术是一种感受的表现形式,是对个体情感的一种赞美。他们开始夸大每一个印象派里过度的、混乱的元素,渐渐地,他们才意识到他们的角色是什么,才明白他们画中的简洁性和象征性也许早就站在了印象派的对立面。"

高更没有像新印象派的画家那样,使用短小的笔触涂纯色的小点(他们将其定义为"颜色化学"),他也将互补色放在一起使用,但是为了获得整体上的和谐,他将它们延伸到更广的区域。在

梳发簪的女人(1886)
东京,普利司通美术馆

带有布列塔尼图案的花瓶(1886—1887)
巴黎,奥赛博物馆

他进行着自己专一的艺术研究的时候，他又一次感到了改变环境的必要性，他决定离开巴黎，去一个更加原始、真实、简单的地方寻找新的灵感。他将地点选在了布列塔尼——古老的土地，这里充满了凯尔特人的传说，并且还十分忠于祖先的传统，尤其是菲尼斯泰尔省的小港口蓬塔旺更是这样，高更便将地点选在了这里。尽管蓬塔旺已经吸引了无数的艺术家，特别是外国艺术家，但高更还是通过福楼拜和迪康的文学作品《布列塔尼之行》以及莫里斯·巴雷1886年在杂志《伏尔泰》上发表的文章才知道，而去往蓬塔旺的这个想法，则是受画家若贝-杜瓦尔的启发。

高更于1886年夏天到达蓬塔旺的村庄，并住进了玛利亚-让娜-格洛阿内克的膳宿公寓。这里既经济又舒适，同时还居住着两位画家：查尔斯·拉瓦尔和年轻的埃米尔·伯纳德。不久之后他们成了高更的好友。在高更居住的前三个月内，他十分努力地工作，为了感受这里粗犷的自然风情，他常常一个人去散步。不久之后他就注意到了自己奇怪的姿势以及怪异的穿着：他穿着传统的布列塔尼木鞋，戴着一顶银缨的帽子，帽子在耳朵上倾斜着。在这段时期，他写给梅特的信中提到"我仿佛是作为蓬塔旺最伟大的画家受人尊敬"。事实上，在居住格洛阿内克

布列塔尼女人

四个布列塔尼妇女的舞蹈（1886）
慕尼黑，巴伐利亚国立绘画收藏馆

膳宿公寓的年轻艺术家中，他被认为是一个真正的大师，并且被当作被人崇拜的模范。其实，在这段时期，高更受当地古老又单纯的气氛影响，画作展现一种独特的原创性和色彩上的清新，这种气氛是他在秘鲁度过的童年时期之后一直深深怀念的。《四个布列塔尼妇女的舞蹈》其实是他一回到巴黎便创作的作品。这幅画在装饰感上有着创新的特点，它的剪裁很独特，色彩柔和且没有特别突出人物的明暗对比。这些妇女都穿着传统服饰，戴着典型的白色头巾。高更似乎想提前表达他在日后作品中的"概念性"元素，他在1886年画了一幅奇怪的画《静物与拉瓦尔》，在这幅画中他将好友查尔斯·拉瓦尔的肖像以一个十分古怪的角度画在了塞尚式静物的右侧。这种"剪裁"方法以及背景的装饰感是受日本艺术启发。同时，画中奇怪的陶瓷花瓶也表明高更在那几年间进行过陶瓷艺术活动。

静物与拉瓦尔（1886）

蓬塔旺学派

1888年2至3月间,高更向他的好友舒芬尼克尔写信道:"我爱布列塔尼,我在这里找到了原始和野性。当我的木鞋踩在花岗岩上时,我能听见沉闷的、强有力的音调,我试图在画作中将它表现出来。"自从1886年高更第一次在布列塔尼居住开始,他在那里的停留就十分重要,并不仅仅因为他个人对异国风情的追求。通过他的个人魅力,他还吸引了其他在布列塔尼的年轻艺术家,他们也是在此为创作寻找新的题材上、形式上的灵感。不久之后高更便成为一个小团体的代表,这个小团体就是蓬塔旺学派(也被称为蓬塔旺组织)。1889年,他们在巴黎的沃尔皮尼咖啡馆举办了一次画展,他们用的名字是"印象派与概念派画家组织"。他们展出了一些在根本上转变、革新传统绘画方式的作品。他们反对现实主义和印象派的原则,支持象征主义追寻神秘、自然的本质的理论。因此,在"印象"之上,他们还追寻自然、物体以及符号(线条和颜色)的"象征"意义,并试图穿过物体的表象世界,到达另一端。他们给思想与想象以空间,这样便可以给现实加上想象的色彩,于是树是红色的,草坪是蓝色的,阴影是绿色的……在理论与创造的热潮中,埃米尔·伯纳德(1868—1941)被认为是新风格的创始人,在1886年他和高更第一次接触之时刚刚十八岁,因此那个时候他被叫作"小伯纳德"。他是第一个开始以鲜明色彩大幅起草的人,他的画中包含了最深暗、最艺术的轮廓线,而缺少阴影,这使他的作品有一种不真实感和简单感。

蓬塔旺学派在世界各地的画家主要有:法国的查尔斯·拉瓦尔,欧内斯特·昂格,查尔斯·费利格,亨利·莫雷,路易·安克坦,费迪南·杜·皮古杜;丹麦的莫恩斯·巴林,荷兰的扬·维卡得,雅各布·梅耶尔·德·哈恩;瑞士的库诺·阿米耶以及英国的罗伯特·贝文。另外,两位当代评论家也对蓬塔旺学派的追求表示支持,他们是费利克斯·费内翁和乔治-阿尔贝·奥里埃。1888年9月,年轻的保罗·塞吕西耶(1863—1927)到达了蓬塔旺,当时他已经是巴黎珠利安美院的学生。他借鉴高更的画风,这对于日后第二代象征主义画家的诞生,以及纳比画派的成名都是十分重要的一点。他对概念性色彩运用以及象征主义风格的尝试是由一幅风景画开始的。1888年,他在高更的指导下,在一个雪茄盒盖子上画了这幅《护身符》。这幅画看起来就像是一幅抽象画,全部以纯色画就,并且这些颜色都以一种武断的方式搭配在一起,导致画中的物体轮廓变得难以辨认,而是解构在色彩的、象征性的抽象之中。高更在1888年对他的好友埃米尔·舒芬尼克尔写道:"艺术就是一种抽象,你在它面前想象,就可以把它从自然之中提取出来。这是唯一一种接近上帝的方式,就像我们神圣的主所做的那样——创造。"

护身符(1888)
保罗·塞吕西耶
巴黎,奥赛博物馆

孤独(约1892)
保罗·塞吕西耶
雷恩,雷恩美术馆

1887—1890
对"原始"的追寻

巴拿马和马提尼克岛

从布列塔尼回到巴黎,高更再一次渴望寻找一个原始的角落可以让他创作,因为那里既单纯又宁静,可以接触到自然。于是1887年10月4日,他和好友查尔斯·拉瓦尔一起离开了法国,想要去巴拿马附近的小岛(塔沃加岛)上居住。高更在那里有个亲戚叫乌里贝,在岛上开了一家公司,他们打算在经济上依靠他。高更对妻子写信道:"我将去巴拿马过原始的生活。我从一群巴拿马人那里听说了太平洋上的

去和来(1887)
马德里,蒂森-博尔奈米绍博物馆

一座小岛（塔沃加岛），那里荒瘠又自由，几乎无人居住。我将带着颜料和画笔再一次远离人烟。"然而，事实上他很快就失望了，他在另一封信中对梅特写道："我们愚蠢地进行了这次旅行，现在陷入了困境，简直就是陷入泥潭，那个给出错误指引的人，下地狱去吧！我们之前停留在瓜达卢佩岛和马提尼克岛，那两个地方景色十分美丽，人们都很热情，生活成本也不高，也有给艺术家的工作。我们本应该停在那里的，那样的话，我们就会省下很多钱，也可以省下很多时间。然而不幸的是，我们已经在巴拿马上岸了，我们在这里——那个愚蠢的亲戚办着一家并不怎么盈利的杂志社，他连100法郎都给不了我们，我们的计划彻底失败了。一怒之下，我抢了他一件价值35法郎的衬衫，但我觉得拿它我连15法郎都换不回来。"

在那个时期，巴拿马运河的开凿工作正如火如荼地展开，当地的

在波浪里｜美人鱼（1889）
克利夫兰，克利夫兰艺术博物馆

生活消费突然变得昂贵起来,人们都在努力工作去赚尽可能多的钱。高更因为不想像他的朋友拉瓦尔一样为了微薄的收入做不回本的生意,于是当了一名挖土工人,在运河工地大约连续工作了两个星期,每天都要工作12个小时以上。再加上当地的热带气候导致的健康问题,两人很快决定脱离这种难以忍受的环境,离开此地前往马提尼克岛。这个地方对于他们来说,是加勒比海地区最像天堂的法国殖民地。

1887年7月,二人在法兰西堡港口登陆,并在岛的西北部、圣皮埃尔附近居住,他们的态度立马变成了真切的热情,高更将这种情感在写给舒芬尼克尔的信件中明显地流露了:"我们现在安顿在一间小木屋里,这是个离巴拿马地峡只有几步远的天堂。我们的面前是大海和椰子树,山坡上是各种各样的果树……黑人男女们每天都会出来散步,他们唱着克里奥尔歌谣,聊着无休止的闲话,那些谈话并不单调,恰恰相反,它们十分多样……丰富的大自然,温热的气候,加上间歇性的清风。带上一点钱,这里的一切都使人感到幸福。"

在这个温暖又舒适的环境中,高更重新开始带着激情进行创作。他开始实验一种来源于印象派的绘画技法,即以短而快的线条来画轮廓和阴影,但是他却将这个技法应用在完全不同于巴黎和布列塔尼的

海岸(1887)
哥本哈根,新嘉士伯美术馆

海岸（1887）

那些主题上。当地的植物生气蓬勃、色彩鲜明，比如大红色、天蓝色以及各种各样的绿色。它们的魅力以及高更真正的灵感都使他离法国式的作画越来越远，从而使他提升了色彩的强度以及绘画的简洁性。高更在蓬塔旺创作的形式和主题有着"原始主义"的必要性，以及色彩运用的主观性，对这些特性的直观感受在马提尼克创作的油画（约十几幅）中取得了立竿见影的效果，以及令人惊讶的和谐感，并且这也使高更的个人风格变得特点鲜明、容易辨认。

在这个位于小安的列斯群岛中的童话般的岛上，高更画出了绝美的海岸风景，颜色、层次丰富的植被，枝繁叶茂的树木，以及带着华丽颜色头巾的异域美女、当地男子等。在高更停留在马提尼克岛期间，被认为画得最美的一幅画是《收获杧果》。这幅画被提奥·凡·高买下，并决定自己收藏。高更和拉瓦尔决定一起和本地人生活，而不是和其他殖民的法国人。因为高更好像被这里明亮和纯洁的自然风光所吸

热带植物（1887）
爱丁堡，苏格兰国家美术馆

海岸（1887），局部

马提尼克女孩的头部（1887）
阿姆斯特丹，凡·高博物馆

阿塔瓦尔帕花瓶（1887—1888）

收获杧果（1887）
阿姆斯特丹，凡·高博物馆

杧果树下（1887）
阿姆斯特丹，凡·高博物馆

引，除此之外，他还被马提尼克岛女人高傲又"原始"的美丽所吸引，这种美丽是他在布列塔尼所没有见过的。她们在太阳下劳作，带着自然的天性，任由他们观察。于是，他们就在她们采摘当地果实的时候或者她们在海边休息、祷告的时候描绘她们。她们与原始又繁茂的自然景色和谐地交融在一起，构成了一幅色彩鲜明、完美的画面。不幸的是，这幅充满生机、朝气蓬勃的景象却被一场暴雨破坏了，同时疾病也使两位艺术家的身体日渐虚弱，心灰气馁。拉瓦尔被疟疾折磨；高更则不断地发烧、患痢疾。他们的钱也不够用了，高更便将拉瓦尔委托给了当地的政府，好让他能够住院接受治疗,然后自己返回欧洲。于是,他带着自己在这里创作的十几幅作品,以水手的身份登船去往法国。

1887年11月中旬,高更回到了巴黎,此时他身体虚弱,饱受折磨,而且经济方面窘迫得近乎绝望,就像以前一样,他又被他忠实的好友舒芬尼克尔接待了,他在好友家停留了两个月。无论如何,他确信这次旅行对他来讲是一段"有决定性的经历",并且他还确信自己有朝一日还会回到一个原始又"野蛮"的地方生活和创作。1887年到1888年的整个冬季,高更都在努力地建立新的人际关系,试图寻找对自己作品新的认可。他主要展示的是自己在马提尼克岛创作的作品,对其表示欣赏的人主要还是凡·高兄弟俩。画展在布索-瓦拉东画廊的一、二层的楼梯间举办,这场画展使他获得了一些艺术界的权威,同时他也和提奥·凡·高建立了一段珍贵、意义重大的关系。

莱达和天鹅(1887—1888)

热带地区的谈话(1887)

从布列塔尼到普罗旺斯

就像之前每次回到巴黎都会发生的那样,这座城市明显不能给他新的刺激,也保证不了一个好的经济前景,高更这一次,又产生了强烈的隔离与逃避的渴望。提奥·凡·高购下一些他的作品,这不仅鼓励了他,还使他可以用意料之外的收益计划返回蓬塔旺,那里还有一些年轻的画家许诺要赶超高更,他们就是在1886年成为高更追随者的那些人。而高更的妻子梅特此时和孩子们仍居住在哥本哈根。

高更向妻子写信告知他的第二次启程,于是1888年2月他从巴黎出发,去往蓬塔旺并打算在那里停留到10月。他再次住进了玛利亚-让娜-格洛阿内克的膳宿公

保罗·高更在蓬塔旺(1888)

沐浴的布列塔尼孩子（1886）
广岛，广岛美术馆

寓，他们的关系已经十分友好，高更把最初的时间用来观察自己早已熟悉的地点和当地人，那些人还是那么的单纯，持续不断地吸引着高更，这些我们可以从他当时的绘画风格上的改变中看出一二。他在那个时期创作的作品里还反映了他受德国、加拿大以及日本艺术的影响，他一直被它们深深吸引，尤其是因为它们概括性的、图形的美学。和先前的研究相比，他现在向前迈了很大一步，他越来越大胆，越来越出乎常理的画面剪裁和排版，还有他的"景泰蓝主义"，都能很好地体现他的进步。

景泰蓝主义画派也叫象征主义画派，主张简化形式和大幅铺色，将颜色用很深的轮廓线限定起来，和彩色玻璃窗或者哥特式景泰蓝珐琅是一样的。

高更在布列塔尼完善的艺术理论影响很大，主要是得到了文森特·凡·高的响应。凡·高在当时也想对"原始"进行研究，并出发去往南方，也就是普罗旺斯。他曾写道："这是一个带着欢快颜色，蔚蓝色调的地方。"1888年7月，在高更写给凡·高的一封信中，他描述了一幅他刚刚创作完的画作，即《摔跤的孩子》。这幅画作突出了它在形式和色彩上的特色："我亲爱的文森特，我刚刚读完你写的那封有趣的信。我非常赞同你的观点，即准确性在艺术中丧失了重要性。艺

三个布列塔尼少女转圈唱歌（1888）
华盛顿，华盛顿国家美术馆

术是一种抽象，而不幸的是它越发不被人赏识……我刚刚画完了一幅与布列塔尼摔跤相关的画作，我想你一定会喜欢的。两个顽童穿着蓝色和红色的短裤，另外一个在画面的右上方，正从水中上岸。绿色的草地，其纯净、鲜明的颜色渐渐变淡，直至变成黄色，就像在日本艺术中表现的那样。上方红白色的水瀑奔涌而下，在画面的边缘有一道彩虹，下方是白色的衣物，黑色的帽子和蓝色的衬衫。"

总之，1888年秋，高更推进了他的研究，此时他作为带头人，领导着蓬塔旺重新整合的艺术团体，同时保罗·塞吕西耶和查尔斯·拉瓦尔从马提尼克岛回到这里，也成了这个艺术团体的一员。如此，尽管没有很多钱财，他们每天都靠着勇气和热情度过，在室外谈论着创作的方法，画着宽广的自然和人物景象，对此，高更总是表现浓厚的兴趣，他想借此为自己的作品加入新的人文和精神上的内容。

摔跤的孩子（1888）

景泰蓝主义

高更和埃米尔·伯纳德及其他"蓬塔旺学派"成员在布列塔尼一同形成的"象征主义画派",是通过一种风格上、技术上的进展才得以实现的。这个进展被诗人爱德华·杜雅尔丹称为"景泰蓝主义"。这个词汇来自景泰蓝珐琅的哥特式装饰艺术,这种艺术是将画刻在金属表面,并用金属线画出轮廓,再将珐琅彩(或者用玻璃熔浆)涂在上面。它和镂空珐琅的区别是,镂空珐琅是直接在金属薄板上刻出凹陷,而景泰蓝珐琅是将珐琅彩填在由细镶边或金属线(掐丝)构成的区域里。这项技术借鉴了用玻璃熔浆创作的马赛克艺术,这之中作为珐琅彩的"镶嵌物"是由掐丝限定起来的。它追求成为金银器工艺中最细腻的作品,而且基督教的"历史"便是由其中种种装饰效果强、简单又至关重要的金银器艺术形式呈现的。高更和其他的艺术家在绘画中也尝试使用类似的形式,结果他们得到了一种平坦、具有装饰性的风格,在粗暴分割的色彩斑点中,在画面的强烈和简洁感中,他们丰富了一种更深层的、更文化的,以及更直接的意义。这个对形式、对颜色的"概括"的研究,不仅是对解决审美程序危机的一次尝试,也是对解决内容危机的一次尝试。通过这种概括我们可以超越现实的束缚,直接理解一些更强烈、更即时,尤其是更有象征意义的内容。作为印象派的自然主义者,高更和他的追随者们受到哥特式珐琅艺术的简洁性的启发,他们不想再"面对着物体作画,而是由物体激发出的想象创作"。

围栏(约1890)
查尔斯·拉瓦尔

于是，通过象征主义和景泰蓝主义，他们得以超越对现实的表现，从而达到表现一种符号和一种理念的目的，一种对他们最重要的情感价值的绝对概括。这是迈向抽象的第一步。抽象，对于象征主义艺术家们来说，指的是一种先验的、精神上的灵感，指的是以简单的、省略的形式，将自然转化成"符号"，使自然变得有重要性，这些形式则能传达更深层的含义，表达并唤起另一个维度。在画布布面以单一的方式应用纯色，在理论上完善这种自主使用原则的人，主要是埃米尔·伯纳德和路易·安克坦，他们是通过仿照景泰蓝珐琅的反自然主义、二维的风格来完善这些理论的。

静物（1888）
奥尔良，奥尔良美术馆

和拉瓦尔、小伯纳德及路易·安克坦的友谊与合作，以及和文森特·凡·高（他一直在普罗旺斯的阿尔勒）不间断的联系，使高更在后印象派艺术语言的范围内越来越敢于做出大胆的举措。他的作品已经被称为是象征主义的作品了。他所画的物体虽然在轮廓上还与现实有所联系，但是就像在平面上画出的装饰画一样，已经成为二维的图像了。高更和他的追随者们抛弃了画面的纵深感，他们倾向于将他们的画建立在清楚、明白的美学与绘画技术之上，比如颜色或线条，而不是透视、相似程度或者对现实的视觉"印象"。

高更在他的《三只小狗和静物》中甚至试验了一种童话书插图方式。他用平铺的颜色，结合德加和塞尚的几何与轮廓特征，去除了日本艺术的那种阴影。这个不寻常的主题象征着三位好友——高更、埃米尔·伯纳德和凡·高聚在一起用餐并交流思想。1888年11月，高更向好友伯纳德建议："你观察日本人，他们以一种令人钦佩的方式作画。他们在没有阴影的太阳下，在室外观察生活。他们用色时极注意色调以及不同的和谐的组合，使画面给人一种有温度的印象……我尽可能地远离那些能使人对某一物体产生联想的东西，所以，由于阴影是太阳赋予物体的立体感，我必须将它从我的画中抹除。"

凡·高（于阿尔勒）、高更与伯纳德（于蓬塔旺）之间频繁的书信往来，使三位画家之间产生了深厚的兄弟情谊，这很可能扩大了他们在创作理念上的共通性。受到法国小说家皮埃尔·洛蒂的小说《洛蒂的婚姻》的启发，他们计划创建一个"午时画室"（后来改为"热带画室"），借此在生活中以及在艺术道路上互相扶持。书信往来中，主要是凡·高坚持要按此计划一起工作，他还提出要进行一次对于日本艺术家传统服饰的画作交换，最后却变成了一次自画像的交换。高更的自画像名为《悲惨世界》，这幅画和一封信一同被寄往阿尔勒，赠送给"好友文森特"。信中虽然描写了一些绘画上的想法，但更主要的描写是在内容上的意图。

在这幅画中，凡·高和著名小说家雨果所写的《悲惨世界》的主人公冉·阿让融为一体："眼镜和鼻

三只小狗和静物（1888）
桌上油画，91.8厘米×62.6厘米，古根海姆基金会，48.1952
纽约，现代艺术博物馆

子部分的画与波斯毯上的花朵很相似，这是仿照象征的、抽象的艺术。背景中带着刚刚绽放的花朵的幼苗在表明我们在艺术上的贞洁。冉·阿让虽然受到社会的迫害，被法律抛弃，但他仍然有爱与坚强，这难道不就是现今的印象派画家的模样吗？我把我的画像给你们，你们拥有了我的画像，也就好比拥有了我们所有人的画像，我们都是这个社会里可怜的受害者。我们一定要做点什么出来，来报复这个社会。"在画面的右上方，高更插入了一张小小的伯纳德的画像，而凡·高则寄出了一张"眼睛有点像日本人"的自画像。高更那张特立独行的"自我描绘"深深地触动了凡·高的内心，因为它展现了高更的形象与内心。他虽然"在性格和才能方面高人一等"，但内心显得十分慌乱、忧郁。凡·高给弟弟提奥这样写信："高更在他的肖像画中看上去病怏怏的、饱受折磨。"我们可以从两人不曾终止过的书信往来中推断，文森特对高更的身体状况、心理状况以及经济状况的担忧都是实际又真诚的，并且在过去的几个月中，这种担忧越来越急迫，越来越坚持。于是文森特预想到，为了解决阻碍他们光明

保罗·高更（1888）

自画像｜悲惨世界（1888）
阿姆斯特丹，凡·高博物馆

阿尔勒的农场（1888）
印第安纳波利斯，印第安纳波利斯艺术博物馆

前景的共同的生存问题，最好的方案是大家暂时到阿尔勒生活，分摊食宿费等，并在弟弟提奥的经济支持下一起工作。1888年10月22日，高更没有带着太多期待和希望，离开了布列塔尼前往普罗旺斯，并在那里一直待到了12月24日。1903年，在死前，他想到这段和凡·高一起生活的时光，回忆道："于是我们花了几个礼拜在阿尔勒以及附近地区找寻不一样的粗犷风情。我们努力工作，在我和他的内心深处，一个是座活火山，另一个则没那么易燃，他似乎在以某种方式准备一场斗争。"于是，这两位画家在一起工作了九个星期，每人都完成了二十几件作品。尽管高更在这个小小的、乡间的阿尔勒村庄里感到十分不自在，但他还是会画他周围的环境：田野、农民的劳作、公共公园、著名的罗马早期基督教的阿利斯康景色，以及他和凡·高时常光顾的冷清咖啡馆里的顾客。高更的绘画风格在"象征主义"的意义上变得

蓝色的树（1888）
芝加哥，芝加哥艺术学院

阿尔勒妇人们｜密斯脱拉风（1888）
芝加哥，芝加哥艺术学院

阿利斯康景色（1888）
巴黎，奥赛博物馆

越来越坚定、使人信服，就像他在《阿尔勒妇人们》（密斯脱拉风）这一卓越画作中展现的那样：鲜明的颜色、快速摄影般大胆的剪裁、简洁、几何的轮廓以及几乎是戏剧性的姿势。

两位艺术家为了对比各自的风格与艺术特点，他们决定挑战同一个主题，他们给咖啡店的老板娘吉诺女士画了肖像画，这幅画非常美丽又带有讽刺性，他们二人都用各自独特的灵感和方法完成了这一主题。

然而，他们的友谊在那时只剩下一层表面关系了，这为二人未来的种种失望埋下了隐患。1888年12月，高更对伯纳德这样写道："我和文森特在一些事情上来说无法达成一致，尤其是在绘画方面。他非常喜欢我的画，但是在我创作的时候他却老说我这个地方不对，那个地方不对。他是个浪漫主义者，而

自画像：献给拉瓦尔
（1888）
华盛顿，华盛顿国家美术馆

吉诺夫人（1890）
文森特·凡·高
罗马，罗马国家现代美术馆

我更像是被带到了原始主义的国度。"除了一些实际问题和经济问题，真正阻碍两人友好关系的，是他们性格与人格的不同。高更对文森特脆弱的心灵和不稳定的情绪感到厌烦。二人之间极度紧张的关系，使得高更最终放弃了这种不可能的共同生活，于是返回了巴黎，就像广为人知的那样，很可能是这次经历导致了文森特·凡·高的悲惨结局。由于高更逃亡般离开的消息（在寄给提奥的信中提前提到了），凡·高感到内心严重地受伤害了，在试图攻击高更之后，他割掉了自己的一只耳朵。这个举动清晰地反映了凡·高不稳定的情绪。由于这次悲剧性的事件，他们二人再也没有相见。

阿尔勒咖啡馆｜吉诺夫人（1888）
莫斯科，普希金博物馆

保罗、文森特和提奥

保罗·高更、文森特·凡·高和提奥·凡·高三人之间丰富的书信往来是他们独特、艺术、人文联系最基本的证明,也突出了他们在人格、性格以及对绘画、对人生、对艺术的思想中最隐秘的部分,正是这种关系使他们三人成了好友。文森特·凡·高和保罗·高更之间的关系始于1887年巴黎的一次作品交换活动,这也恰好为他们早期的书信往来提供了机会。第二年,提奥留在了巴黎,成为两人关系的基本点,与此同时高更和凡·高则在他们共同、急切地"对绘画的渴望"的驱使下,分别出发去往不同的地方,寻找自己的"原始"。高更去往布列塔尼的蓬塔旺,而文森特去往法国南部的普罗旺斯——"一个带着欢快颜色,蔚蓝色调的地方",准确地说是阿尔勒。整个书信集的早期部分,都集中在对高更经济状况的担忧(由于虚弱的身体状况而恶化),以及来自文森特在阿尔勒的邀请,文森特迫不及待地要和这位"相当厉害"的画家分享他的画室和他的"黄色之家",并且还对高更表现了超乎寻常的尊敬。由于"高更在这里独自的生活,活得好像恶人一样,至少表面看起来是,现实中也的确有一点是"。文森特的邀请变得越来越坚持,好像着了魔一样。与此同时,提奥就像一位慈爱的父亲为对方提供帮助,他给他邮寄现金,帮他卖画,还替他协调与巴黎的收藏家、估价人的关系。于是,这些信件便提前了高更与文森特在阿尔勒的共同生活,从1888年10月23

自画像:献给高更(1888)
文森特·凡·高
剑桥(马萨诸塞州),福格艺术博物馆

日到12月24日,这段生活被期待了很久,结果却激荡不安。毫无疑问,这段经历对于画家激发思想、申明观点来说是最为有趣和丰富的,因为两个人对相见的渴望增加了彼此间的好奇,也加剧了接下来的矛盾冲突。

在阿尔勒的居留之后,高更回到巴黎,然后又回到了布列塔尼,继续写更加有意识的信件;文森特则结束了一开始在医院,后来在精神病院,最终在瓦兹河畔欧韦、加歇医生处的收容所治疗。他是在清醒的间隙,以及在被强迫的、不正当的收容停歇之时,用强烈的色彩作画,并将这些画寄给弟弟提奥。他还会像往常一样正常地给弟弟写信。最终,1890年7月27日,凡·高向自己开了一枪,并于7月29日死去。他的弟弟提奥由于多种精神问题的折磨,也于约六个月后死去。1889年凡·高曾在一封信中写道:"善良的高更和我在内心深处是互相理解的,即使在我们看上去都疯了的时候,我们在绘画技术上不也是毋庸置疑的艺术家吗?"所以,无论如何,"我们之间的友谊永存"。

高更的椅子 | 空椅(1888)
文森特·凡·高
阿姆斯特丹,凡·高博物馆

布道后的幻象

1888年12月25至27日左右，高更从蓬塔旺给凡·高寄了一封信，信中写道："我刚刚画了一个相当不好的宗教题材，因为我喜欢，所以我就画了。我想把它赠给蓬塔旺的教堂……一般来说人们还不知道该怎么处理它。一些布列塔尼人聚在一起祈祷，都穿着颜色特别阴暗的衣服。黄白色的大帽子特别明亮，就像怪物的头盔一样。一棵深紫色的苹果树分割了画布，它的枝叶被描绘得像一团团祖母绿的云朵，间隙中还透出了黄绿色的阳光。土地是纯朱红色的，如果在教堂里它可能会变黑，变成棕红色的。天使穿着深蓝色的衣服，雅各则穿着深绿色的。天使的翅膀是铬黄1，头发是铬黄2，脚是肉橘色。我觉得我在人们的脸上画出了一种乡间的、迷信的单纯。一切都特别严肃。苹果树下的母牛要比现实中的小很多，它正在那里踟蹰不前。对于我来说，在这幅画中，所有的景色和摔跤动作都只存在于想象中，由于他们刚刚接受了布道，也正因此在人和摔跤之间有着强烈的对比。前者是自然维度的代表，后者则发生在一个没有自然性和比例不真实的角落。"

这个十分详细、具体的描述使

雅各与天使博斗（1860）
欧仁·德拉克罗瓦
局部
巴黎，圣叙尔皮斯教堂

我们对高更的构图目的和中心思想没有任何疑问，他画的就是他最著名的布列塔尼作品：《布道后的幻象》（又名《雅各与天使搏斗》，1888）。这也是高更第一幅涉及宗教题材的作品。他选取这个主题主要是因为他想象征性地展示想象的结果，这个内容也是象征主义一个重要的节点。天使和雅各摔跤的故事来自《创世纪》（32：23~31）。1860年，欧仁·德拉克罗瓦也以此为题材创作过此类作品，这个故事有各种各样的神学解说，比如人与上帝的斗争，或者人与撒旦斗争，或者象征着在基督教内部的斗争。带着这种含义，这一段圣经中的文字又出现在了维克多·雨果的小说《悲惨世界》中，就像高更在他著名的《自画像（悲惨世界）》里展现的那样，他其实刚刚读完这本书。在完成这幅使用符号性轮廓和反自然主义色彩的绝妙作品的过程中，高更吸取了各方经验：比如为了探究形状的必要性和明度，参考了中世纪的玻璃彩窗；为了色彩和线条的整洁，参考了日本版画；为了寻找一个缺乏合理透视的高处视野，为了探究雅各和天使的姿势和位置，最后还参考了葛饰北斋的漫画《相扑者》。然而，这幅标志着印象主义向象征主义过渡的作品最直接的灵感来源，是另一幅他的象征主义画派好友埃米尔·伯纳德的作品《草坪上的布列塔尼人》。因为这幅作品的主题、象征主义的风格以及因为它简单的、扁平的、缺乏透视的创作方式，让高更很受启

布道后的幻象｜雅各与天使搏斗（1888）
爱丁堡，苏格兰国家美术馆

发。通过伯纳德闪耀的、博学的、天主教的灵魂，高更找到了理论标准来支撑他本能地认为是正确的艺术方向。此外，伯纳德还和象征派诗人有着联系，他还向高更介绍了波德莱尔的艺术评论与诗作，这位诗人曾就"对抗自然的画家"这一角色写过文学作品，还创作了《恶之花》。他认为，由于艺术家有着独特的想象能力（最重要的能力），他有能力超越以及改变他的诚实，并通过象征主义的形式，达到表达他的梦想或情感的目的。该作品（《布道后的幻象》）的特点就是两种视角的并存，使作品混合了忠诚、奉献、信条和感染力，这两种视角便是：现实的视角（布道后跪着的布列塔尼妇女们）和想象的视角，或者说是进行摔跤的天使与雅各的视角（应该是在进行祈祷的妇女脑海中产生的）。这两个视角好似被惊人的红色草坪上所突出的、斜着的树干分离。第二年，同样带着统一现实与想象的意图，高更在妇女的祷告声中创作了《黄色的基督》。这幅画是为尼宗布列塔村庄里的教堂而画，但是被神父拒绝了，接着，这幅画便于1889年在布鲁塞尔展出。而伯纳德和高更两人都以布列塔尼为主题画了很多相似作品，于是这引发了对高更剽窃他人作品的指控，结果导致了两位画家关系的破裂，同时也引起了对象征主义的创始者到底是谁这一问题的争论。

相扑者（约1834）
葛饰北斋
选自漫画

勒普尔迪

1888年12月末,高更到达巴黎,此时阿尔勒发生的悲剧事件已结束,高更已经感到安心了,而对于凡·高来说却是人生的尾声。回到久违的法国首都,高更已经准备好挑战永恒的住宿问题和经济问题。自然而然地,他又被他永不放弃的支持者舒芬尼克尔救济了。舒芬尼克尔在家里热情地招待了高更,为了回报这份款待,他为舒芬尼克尔一家画了肖像画《舒芬尼克尔一家》。这幅作品相当简单,高更把非互补色放在一起,突出了形状和轮廓,娱乐般地将人物轮廓画得很滑稽:善良的舒芬尼克尔站在画面的边缘,他的姿势表现了他既含蓄又热心的性格,也表现他作为一名温顺的丈夫的角色;然而妻子看上去既高贵又严肃,体形硕大,和孩子们一起位于画面的中央。然而,舒芬尼克尔似乎意识到了他的从属地位,之后,他曾把妻子描述成"一个可怜的、令人抱怨的生物,我的生活残忍地用铁链把我和她锁在了一起,就像锁上了一个沉重的铁球"。

除了像对待一位受欢迎的客人一样热情地招待高更外,舒芬尼克尔对

草坪上的布列塔尼人(1888)
埃米尔·伯纳德

两个孩子(让娜·舒芬尼克尔和保罗·舒芬尼克尔)(1889)
哥本哈根,新嘉士伯美术馆

舒芬尼克尔一家（1889）
巴黎，奥赛博物馆

高更的事业也有所帮助和推动，比如，他致力于为高更组织画展。他举办了一次重要的画展，使高更的许多新作品为人所知，将他介绍给有影响力的人士，等等。1889年的世界艺术展排除了印象派画家以及官方学院以外的画家，这次画展就好比这个艺术展的替代品。因此，高更及他的好友舒芬尼克尔、拉瓦尔、伯纳德和安克坦在战神广场公园（曾举办过世界博览会）里的艺术大楼外面找到一块举办画展的地方。那是在一个刚开业的咖啡馆的大厅里，这家咖啡馆由意大利人沃尔皮尼经营。这里办画展主要是为了给这个新开业的地方做宣传，也是为了装饰一些光秃秃的墙壁，然而画派领头人高更以及他的朋友则想要举办画展的绝对自由。

他们自称"印象派与象征派团体"，这个名字不仅是指他们的作画方式，也指与传统学院派相比，他们更自由、更独立的姿态。在沃尔皮尼咖啡馆小小的画展，包含了

勒普尔迪农场（1890）

静物和日本版画（1889）
德黑兰，德黑兰现代艺术博物馆

八位后印象派画家的作品，却没有凡·高、毕沙罗、修拉和西涅克，他们希望借此机会可以在大型的国际画展之外，引起反响或公愤，进而唤起公众和对新事物更开放的评论家的注意。年轻画家莫里斯·丹尼斯的热情还刺激了纳比画派的诞生。在巴黎短暂停留的时间里，高更除了吸引公众关注他创新的作品——在这些新作品里画面被简化成色斑和极其简单、难以理解的轮廓——他还对石版画的雕刻技术产生了兴趣。他经常和好友伯纳德一起光顾莱昂内·福什的工作室，在那里他展现了超凡的学习天赋，也表现了他个人在不同艺术技巧里的多面性——从绘画到木雕、瓷器、雕刻。

红牛（1889）

1889年巴黎世界博览会

世界展览会中最早的、庆祝工业文明诞生过程的展览会是1851年在伦敦举办的世界博览会。然而在法国，1889年的巴黎世博会则通过纪念1789年法国大革命一百周年，来强调资本主义意识，强调法兰西第三共和国进步主义。这个惊人的、壮观的博览会在1889年5月6日开始，持续了六个月。1889年的巴黎世博会将因一个伟大的象征性建筑而永存人们的记忆中，这个建筑至今仍代表着法国首都的城市风光，它就是工程师亚历山大·古斯塔夫·埃菲尔（1832—1923）设计的三百多米高的铁塔。埃菲尔铁塔的宗旨是赞扬自身的钢铁元素，也是现代巴黎的代表。世博会在战神广场里建起的宏伟的楼馆里举办。在各种各样吸引公众的活动中，有一个叫作"一百年"的艺术回顾展，其中展出了1789年至1889年间知名法国画家（莫奈、毕沙罗、塞尚）的一些作品。与此同时，高更一边和"印象派与象征派团体"一起在奢华的瓦尔皮诺咖啡馆（就在埃菲尔铁塔下）里举办画展。在博览会里闲逛时，他曾对这次博览会做出过积极的评价，表达了对埃菲尔铁塔和机械馆（现在已经拆除）纯粹运用钢铁建造的独创性的赞美意见，但是当时这些却引起公众的厌恶，因为人们还不习惯这种建筑风格。在那次博览会上，高更主要欣赏了非欧洲的、异域的文化艺术，包括殖民地馆展出的殖民地区展，内容丰富多样（展示的主要是各个殖民地区的仿建），展现了法国最近在世界各地的殖民扩张，比如印度、马达加斯加以及太平洋群岛。高更尤其被塔西提岛馆和远东地区的手工制品所震惊，爪哇部落、吴哥窟与印度神庙的仿建等为高更未来的创作提供了独特的风格及形式上的灵感。1878年，人类学博物馆在巴黎成立，在此之后，特罗卡德罗博物馆（位于战神广场）于1882年对外开放，其中展示的主要是1878年至1879年世博会的展品，这更加刺激了人们对大洋洲艺术品的收藏。

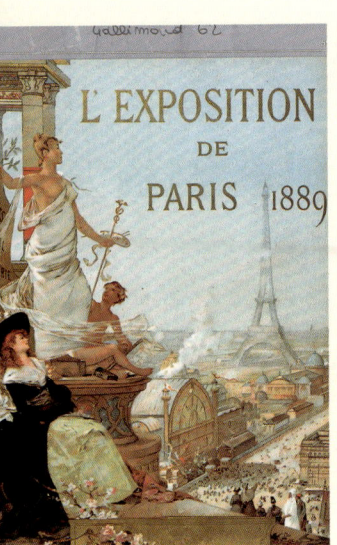

1889年巴黎世博会图片

就像预想中的一样,不久之后高更又开始觉得巴黎的生活枯燥而难以忍受,同时也深深地怀念起令人深爱的布列塔尼。

1889年6月,高更动身前往蓬塔旺,他在那里为一位当地显赫人物的妻子画了一幅日本化的肖像画——《美丽的安吉尔》。他很快搬到海边,在一个离勒普尔迪很近的地方居住,勒普尔迪在夏天很少有游客光顾,有更适合创作的宁静环境。

他住在玛丽·亨利开的海边的小酒店里,很快,他身边又聚集了惯常的追随者,最后加入的一位学徒,是一名叫达奇·迈尔·德·哈恩的荷兰人,他甚至贷着款,想要高更为他提供经济上的帮助。他奇怪的脸庞被高更画成了一幅凶猛的、撒旦般的作品(也许是为了影射他对东方宗教和神秘主义的狂热),在《涅槃》以及《雅各布·梅耶·德·哈恩》里他都是这样画的。这幅肖像画被用作玛丽·亨利酒店的餐厅里橱柜门上的装饰,梅耶·德·哈恩和玛丽·亨利两人则开始了一段美好的爱情。在另一个橱柜门上,高更画了一幅滑稽的《带光环的自画像》,另外在餐厅的一个门上方还悬挂着一幅不寻常的画《早安,高更先生》,这幅画和古斯塔夫·库尔贝(1819—1877)画的《早安,库尔

有两位布列塔尼妇女的风景画(1889)
巴黎,奥赛博物馆

美丽的安吉尔（1889）
巴黎，奥赛博物馆

早安,高更先生(1889)
布拉格,捷克国家美术馆

带光环的自画像（1889）
华盛顿，华盛顿国家美术馆

《贝先生》是同一题材的作品，但是画面的感觉更神秘，更有戏剧性。

高更在这个时期的作品中，展现了一种特殊的拟古主义和神秘的、原始的灵感。他的画作越来越受到象征派文学作品的影响，事实上，高更在蓬塔旺就开始在他的绘画创作领域进行了一系列理想主义的、思想层面的研究，这多亏了一个虔诚的信徒埃米尔·伯纳德，但是主要还是多亏了伯纳德的脆弱的、年轻的妹妹富有极高的文化素养。高更通过与这位玛德莱娜·伯纳德讨论宗教和思想的话题,与她建立了特殊的友谊。在布列塔尼民间的、原始的艺术视野与文化刺激的推动下,高更将自己的艺术研究方向指向了一种传承的必要性,一种拟古主义,直到后来,他创作了明显以基督教为主题的作品。

于是1889年,他创作出《黄色的基督》《布列塔尼的耶稣受难》(又名《绿色的基督》)以及《基督在橄榄园》。在最后这幅作品中,高更在画中悲伤又饱受折磨的脸庞中展现了自己的面容的一些特点。

总之,这些作品中的基督肖像之中都渗透着一种复杂的、神秘的思想表达,这是高更与象征派作家的思想理念和谐一致的结果。这些作家包括奥里埃、莫里斯、雷东以及马拉美,其中马拉美的影响尤为重要,

涅槃(1889)
哈特福德,沃兹沃思艺术博物馆

基督在橄榄园（1889）
西棕榈滩，诺顿美术馆

高更还为他创作过一幅蚀刻画。

能表现高更在勒普尔迪（也就是蓬塔旺学派的新址）的创作发展的绝佳的代表，便是1890年他创作的那幅《有黄色基督的自画像》。画中他将自己表现为一个献身于绘画的智者，自信地站在他那幅最成熟、最有思想的画《黄色的基督》前。

布列塔尼的耶稣受难 | 绿色的基督（1889）
布鲁塞尔，比利时皇家美术馆

有黄色基督的自画像（1889—1890）

在高更背后还画有另一幅肖像画，被粗糙地刻在瓷花瓶上，事实上这也是高更自己做的瓷花瓶，他似乎想向我们表达一个双重的自己：被分成有意识与无意识，知性的思考与本能的凶残。

我们现在谈到的1890年是悲剧的一年：伟大的哲学家尼采精神错乱，诗人兰波悲惨的死亡，文森特·凡·高骇人的自杀及因此导致他的弟弟提奥于1891年的死亡。高更在返回巴黎度过冬季之前，他曾从勒普尔迪给提奥写信，他与提奥一直保持着不间断的书信往来。在信中他写道："我越想，越坚定了我要去一个原始的国度里创作的想法。一切都在推动着我——我的孤独。我隐约之中看见的东方艺术，那些在欧洲还没有被直接地表达过的东方艺术。现在许多人都在进行印象主义创作，我觉得因为我的特殊性以及我创作动机的多样性，有必要将自己与他们区别。"

高更清晰地表达了他想要逃离法国，去往一个未被污染的自然和文明原始地，于是1891年，他去往了塔希提岛。这将是高更新生活的开始。受到当地原始的环境与"野蛮的"生活的影响，高更感受到了一种不同于西方模式的、自由的创造性，基于此，他实现了长久以来永恒的艺术理念。

黄色的基督（1889）
布法罗，奥尔布赖特-诺克斯艺术画廊

陶瓷和雕塑

自1873年起高更就开始创作雕塑，但是他把创作雕塑的激情都用在了陶瓷和木雕上面，这两者直接将他与艺术手工和原始文明艺术品联系在了一起。东方工艺品以及日本工艺品的精细做工与异域风情对高更有着极大的吸引力，从而高更认识了陶瓷艺术家兼雕刻家布拉克蒙，通过他，高更又认识了另一位杰出的艺术家欧内斯特·尚普勒。这位艺术家使用日本明火烧制技术，在陶瓷技艺上达到了很高的境界。高更和他一起创作，于1886年到1887年间完成了五十多件作品，反映了他对于陶瓷创作的偏爱。高更于秘鲁生活的时候见过母亲收藏的一些印加瓷器，后来母亲还带着那些瓷器在法国生活，受到那些瓷器的启发，高更创造了一些极富原创性的作品，比如一些陶壶、一些上釉彩的粗陶花瓶，上面画着一些小的布列塔尼形象，以奇怪的形状及拟人图案为特点（有的时候有他自己的面容），他将这些定义为"我最疯狂的小作品"，并且经常将这些作品画进他的画作里。高更除了对哥伦比亚发现新大陆之前的文化十分喜爱，还受到了日本艺术很大的影响，同时英国威廉·莫里斯发起的手工艺术运动（自1860起）引起的一系列辩论，使装饰应用艺术与手工艺品再度引起重视，这也在一定程度上影响了高更。1892年高更向达尼埃尔·得·蒙弗雷写道："人们都说我生来就是做手工艺品的，但是我做不到。玻璃画、家具、瓷器——比起绘画我得到更多的是在瓷器上的引导。"1889年世博会的时

有布列塔尼图案的花瓶
（1887—1888）
布鲁塞尔，比利时皇家美术馆

候,高更曾针对瓷器写道:"瓷器不是一种没用的东西,你用一点泥巴就能造出珍贵的东西来……用一点泥巴和一点天赋。"也许正是高更在装饰应用艺术领域进行的创作,尤其是在彩色陶瓷上进行的创作,影响了高更的绘画风格,使他的作品变得纯粹,线条、轮廓变得简单,色彩运用渐渐靠近早期的景泰蓝主义风格。不久之后高更还致力于研究雕塑艺术与木雕浅浮雕(他对此进行了特殊的象征主义的肖像学研究)以及传统主题的铜铸工艺(受到德加所画的芭蕾舞女的影响),通过研究各种工艺之后,他仍然保持着自己永恒的、不寻常的、原创的风格。

舒芬尼克尔女士肖像的花瓶(1889)
达拉斯,达拉斯艺术博物馆

人头形花瓶(公元3世纪—7世纪)
莫切文化(秘鲁)
纽约,大都会艺术博物馆

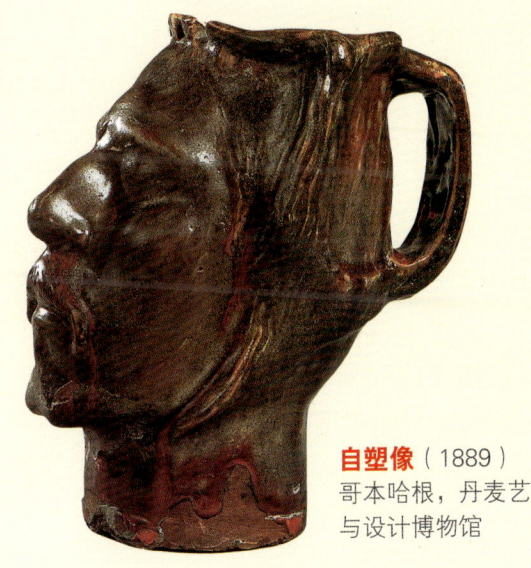

自塑像(1889)
哥本哈根,丹麦艺术与设计博物馆

1891—1895
逃往塔希提

在塔希提的前几年

对异域风情艺术的追求,以及对逃往遥远的土地渴望一直统治着高更的思想,尽管在最近几年里,他一直在十分成熟的、智慧的象征主义环境里生活,但是这并没有完全改变他本能的、冲动性的、不可抗拒地被"原始"所吸引的绘画风格。

高更有一幅约在1890—1891年间创作的画作,这幅画被公认是象征主义作品,然而这幅画通过它纯粹的、拟古主义的、简洁的线条与色彩,足够明确地体现了高更的意愿——追寻自己美妙的幻想。这幅画就是《贞洁的丧失》,又名《春天的复苏》,这是一次对勒普尔迪风景及裸女的象征主义尝试。画中的裸女通过高更风格的创作形式以及雕像般的身体,拥有了一份强烈的色情感。画中将一只爪子放在少女胸部的狐狸(在印度象征着堕落)也是增加色情感的原因之一。无数的画作都曾涉及躺下的少女——从马奈的《奥林匹亚》到霍尔拜因的《死去的基督》,再到伯

贞洁的丧失 | 春天的复苏(1891)
诺福克(弗吉尼亚州),克莱斯勒艺术博物馆

爱林中的玛德莱娜（1888）
埃米尔·伯纳德
巴黎，奥赛博物馆

纳德创作的《爱林中的玛德莱娜》。

1891年初，高更还在巴黎，但是他开始打算去往热带地区了，这一点我们可以从他在1890年末写给雷东的信件中看出来："我很坚持我的决定，但是当我在布列塔尼的时候我把这个决定稍稍改了一下。马达加斯加还是太接近文明世界了。我打算去塔希提岛，并打算在那里度过余生。我相信，你所喜爱的我的艺术，将是一颗在那个原始的、野蛮的国度里，为我生根、发芽的种子。"

在实现逃亡塔希提计划之前，高更为了想方设法弄到旅行的钱，在德鲁奥酒店举行了他的个人作品拍卖会。他从评论家奥克塔夫·米尔博那里得到了按目录写的长长的作品介绍，以及一篇发表在《巴黎回声》上的与文学论调的相关文章，这篇文章对于日后法国艺术界对于高更作品的看法起着决定性的影响："原始的光辉、天主教的礼拜仪式、印度式的梦境、哥特式的幻想、晦涩又微妙的象征主义，它们不平静的、饶有趣味的混乱组合，时不时地指向苦涩的现实，又指向漫天飞舞、奔放的诗意。通过这些，他创造了令人震惊的、崭新的个人艺术：画家和诗人的艺术，传教士和魔鬼的艺术，其中充满了不适感。"这些评论高更作品的热情的、褒扬的文章（由米尔博所写，也有罗杰-马克思、阿尔贝·奥里埃等人所写的）不断地收获它们想要的结果：激起人们对高更的画作与陶瓷作品的兴趣，认为高更是象征主义画派的学派领袖，以及一次金钱上交易的显著成功（只有一件作品没有卖出去）。高更和朋友在伏尔泰咖啡馆举办了一次告别晚宴，由马拉美主持，这家咖啡馆是象征主义者常聚集的地方，然后高更又从法国艺术教育机构的部长那里得到了一笔资金，在这些事情结束之后，高更于1891年4月4日登船去往马塞。他本应是考虑到法国政府，带着传播文化的使命出发的，事实上，吸引他前往塔希提的，主要是皮埃尔·洛蒂在小说《洛蒂的婚姻》中的描述，书中把这个热带的天堂描绘成一个用于激发艺术灵感的理想之所。

经过两个半月的航行，1891年6月，四十多岁的高更踏上了这片土地的首都——帕皮提，这是一个被西方文明所污染的地方。不久之后，高更在那里参加了国王波马尔的葬礼，他认为这个事件明显标志着一个文明的终结："是欧洲，我本以为我已经从欧洲之中解脱了，是欧洲在加强赶时髦的殖民策略，加强它幼稚的、笑料一般滑稽的模仿。我不远万里赶来不是为了追寻这些的。"

尽管最初他有些失望，但他还是很快想方设法融入当地的生活，同时也开始对当地人物与风景的大量研究，分析了光线与色彩的强度、身体细胞的多样性、当地人身体的形状、姿势和习惯等。没过多久，这位画家就被当地人自然地接受

马拉美肖像（有题词）（1891）

曾经（1892）
马德里，蒂森-博尔奈米绍博物馆

艺术人生——高更　91

欢乐（1892）
巴黎，奥赛博物馆

了。他将那个阶段的生活与塔希提的人民、风景结合起来描写，并且对它们进行了艺术创作。从他生动的文字中我们可以直接感觉到当地人对他的接纳："我和邻居已经是好朋友了。我和他们吃的、穿的都一样，如果我不工作也可以加入他们的懒散之中，加入他们或愉快或突然严肃的谈话之中。夜里，在凸出的灌木丛下面，在凌乱的可可树树冠下，我和一些当地人就在那儿待着，在我们之中还有一些妇女和孩子。他们有的是塔希提人，有的是汤加人，有的是阿罗萨人，还有的是马克萨斯群岛人。他们无光泽的皮肤和叶子的茸毛很相称，从他们古铜色的胸膛前响起了激昂的音乐，然后声音在棕榈树褶皱的树干表面渐渐平息。"这些视觉上、感官上的迷人场景被极富表现力的方式，有意识地呈现在了画布上。正是从这些场景之中诞生了高更的首批杰作，比如《拿着花的女人》，尽管这幅画仍是象征主义的，仍和日本版画有相关性，却是他对于描绘异国美女，表现她紧张内心的首次尝试。

在帕皮提的最初几个月里，高更主要在努力画各种肖像画，比如

拿着花的女人（1891）
哥本哈根，新嘉士伯美术馆

那幅极美的《耳朵上别着花的少年》以及《拿斧子的男人》都是少有的画男人的肖像画，还有那幅最常规的《苏珊娜·班布里奇》，也是唯一一幅法国政府委托高更赠送塔希提的作品。然而殖民地区令人反感的资本主义的环境让高更难以忍受，因此，他离开了首都，搬往更南的地区居住。一开始是在帕卡，然后在马泰亚，这些都是受西方殖

耳朵上别着花的少年（1891）

民影响很小的地方，所以更能满足高更一直以来的愿望——想要一个更原始、更真实的生活。

从这时起，高更以一种更加创新的方式创作，在颜色和装饰性上尝试一种新的自由，这种创新灵感来自他所生活的、理想化的地方带来的视觉感受，也来自他对当地文化最神圣、神秘方面的观察。此外，他住在一间隐没在植物之中的小竹屋里，学习毛利语，此后还在作品名称中使用毛利语。他还和当地的一位妇女德哈·阿玛娜①结合，她之后也成了高更最喜爱的模特。

在《法国的花》之中，静物——法国的花朵被摆放在桌子的最突出位置上，这个"印象派"主题却因为画面左边两个既好奇又害羞的本地少女，好像被异域的钥匙打开了。另一幅画《用餐》也是同样的风格。三个塔希提孩子坐在一边，排成一排，面对着桌上的静物，静物则以欧洲的风格和模式画成。总体上讲，高更在这个时期的作品里，总是在尝试结合各种各样的风格，以及结合他之前所有过的种种迷人的经历。他经常会重新画一些基督教主题的作品（马泰亚的一部分居民信仰天主教），但是这些作品都是在热带氛围里的，比如《万福玛利亚》或者《塔马泰迪》（市场）。《塔马泰迪》中女人坐在长凳上的姿势，是来自埃及第十八王朝墓里的埃及装饰壁画（现存于大英博物馆），高更还保留一张壁画的照片。安宁、美妙的景色，静谧的夜晚，女人的身体天真、无邪地赤裸着，人们之间相处自然又亲切。他身边永恒的

---

① 原名Teha'amana，译名为德哈·阿玛娜，高更称她为德乌拉——译者注

拿斧子的男人（1891）

苏珊娜·班布里奇（1891）
布鲁塞尔，比利时皇家美术馆

万福玛利亚（1891—1892）
纽约，大都会艺术博物馆

◀ 塔马泰迪｜市场（1892）
巴塞尔，巴塞尔美术馆

塔希提女人——德乌拉已经怀上了高更的孩子。通过这些，高更每天都能呼吸到自由的气息，这愈发刺激了他进行艺术研究。他经常在他的作品里展示他年轻的夫人，捕捉她专注、神秘的表情，棕褐色的皮肤和身体丰富的姿势，就像在《板着面孔的》《忧郁》《拿着杧果的女人》中展示的那样。《拿着杧果的女人》中的杧果是丰收的象征，暗指德哈·阿玛娜即将成年。《在海边》中，她在同一幅作品里被画了两次。

但是在高更第一次居住在塔希提时，他展现的最大的兴趣，是对原始的神圣感以及毛利神话的兴趣。他试图通过观察他们的宗教信仰，他们的迷信以及当地少女神秘的举止（比如她们害怕黑暗），去理解毛利神话最深层的含义。在《德哈·阿玛娜有许多祖先》中，高更在巨大的肖像画旁边画了两个神像：月亮神希纳（Hina）的神像以及宇宙神

法国的花（1891）
莫斯科，普希金博物馆

塔罗阿（Taaroa）的神像。这两个神的结合诞生了法图（大地的生神），1893年高更在《月亮与大地》中展示了这个神，还在他的手稿《古老的毛利宗教》中记载过，当时高更对毛利神话特别感兴趣，于是就写了这份手稿，并配以水彩插图。

高更在1892年创作了一幅名为《死神凝望》的作品，关于作品的灵感，高更这样写道："德乌拉一动不动地躺在床上，脸朝下，用充满恐惧的眼神盯着我。她看我的样子好像不认识我一样。瞬间我也感到了一种奇怪的不安。她的恐惧是有传染性的，她睁大的双眼中好像闪烁着磷光。我从未见过她如此美丽的眼神。半明半暗间，我害怕我一动就会增加少女的恐惧。那个瞬间她发觉到是我了吗？她是不是把我当成某个神话传说中的那些使人夜里无法入眠的恶魔或幽灵了？我真的认识她吗？极度的恐惧和迷信已经将她变成了另一种存在，一种我从未遇见过的存在。"

高更迷恋着海滩上或树林里的女性裸体释放的性感，他就这一主题曾画过无数的画，同时他也在尝试一种特殊的色彩搭配，他将装饰

用餐（1891）
巴黎，奥赛博物馆

拿着杧果的女人（1892）
巴尔的摩，巴尔的摩艺术博物馆

月亮与大地（1893）
布面油画114.3厘米×62.2厘米
莉莉·布里斯收藏，50.1934
纽约，纽约现代艺术博物馆

在海边（1892）
华盛顿，华盛顿国家美术馆

德哈·阿玛娜有许多祖先
（1893）
芝加哥，芝加哥艺术学院

的、抽象的背景中的色彩混合，试图达到一种特殊的颜色上、感官上的和谐。比如在1892年画的《什么？你嫉妒了？》和同年创作的《在海边》中，他就进行了这样的尝试。就像高更在手稿里解释过很多次一样，他的艺术主张越发地指向了两种魅力的融合：和古老的毛利宗教相关的文学魅力，以及颜色和波浪般的线条的和谐组合激发的音乐魅力。在高更众多的塔希提作品中，他在绘画上的象征主义，变成了一种对超越了描绘本身的特殊诗意的追寻，"就好像余下的都消散在音乐中"。于是他还这样写道："它给我们提供的感官中的色彩是如此的暧昧不清，

死神凝望（1892）
布法罗，奥尔布赖特-诺克斯艺术画廊

什么？你嫉妒了？（1892）
莫斯科，普希金博物馆

每次我以暧昧不清的手法去描绘它,不是出于绘画的需要,而是为了表达我音乐般的心情,这种心情被它自然、神秘、不可思议的核心所释放,获得自由。象征是通过智慧的和谐去创造的。颜色就像音乐,它能击中宇宙中最普遍的情感波动,所以它无限地存在于自然之中:它神秘的力量。"然而不久之后,由于一些突发的经济困难,他在塔希提田园般的生活不得不终止了。他此时资金短缺,因为没有画布和颜料而十分痛苦。由于这里缺乏对艺术真正感兴趣的人以及由于自身的与世隔绝,他首先决定将一些作品寄往哥本哈根的现代艺术自由画展,不幸的是,他并没有取得成功。于是,他被迫选择返回法国。

大树(1892)
芝加哥,芝加哥艺术学院

有孔雀的风景画（1892）
莫斯科，普希金博物馆

逃回法国

为了得到资金，高更求助当地的长官拉斯卡德和法国艺术司的领导，希望能够得到回国的许可。当他得到从法国来的请求被批准的消息时，他已经处在一种近乎绝望的状况之中。就这样，1893年4月，高更从塔希提出发，迟了三个月到达马来西亚，虽然他从好友达尼埃尔·得·蒙弗雷和保罗·塞律希埃那里得到了经济上的帮助，然而此时的他却比出发时更加贫穷，病得也更重了。

当他回到巴黎，由于他的叔父伊西多罗·迪·奥尔良去世，给他留下了一笔可观的遗产，于是，他在维钦托利大街租下一间小画室。他将画室的墙壁涂成了黄色和绿色，并且在墙上以镜面视角画上了他在塔希提创作的最成功的作品《死神凝望》。这面墙壁于是就构成了他的《戴帽子的自画像》中丰富的、"原始的"背景。也许正是在这

戴着阿斯特拉罕羊皮帽的高更

戴帽子的自画像（1893—1894）
巴黎，奥赛博物馆

艺术人生——高更

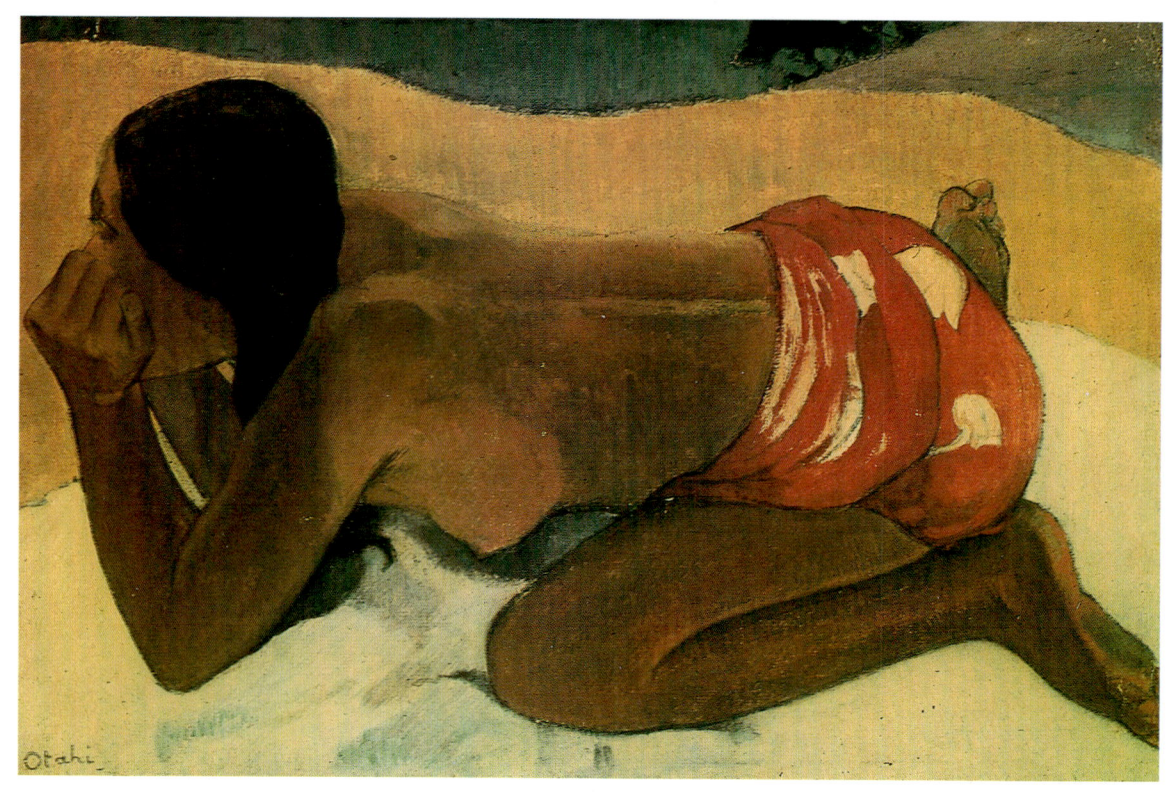

孤独（1893）

间维钦托利大街的小画室里，他试着安稳地过上了幸福又乐观的日子。高更甚至想顺着这种积极的形势和妻子重归于好，她现在其实拥有一部分本应属于高更的遗产，但是他们之间的积怨过多（梅特曾瞒着高更卖掉了几幅他的作品）以及不必要的傲慢阻碍了他们的复合，从此他们彻底地天各一方了。

在最大程度上推进高更生活的，是想办法让巴黎的艺术市场接受他近年来大量的塔希提作品，他非常清楚这些作品的价值。于是，在一些好友（比如德加，还买下了高更的一幅作品《板着面孔的》）的帮助下，高更向画商丢朗－吕厄（因向印象派画家提供帮助而闻名）寻求帮助，希望能在1893年11月4日到12月1日期间，在他巴黎的美术馆里举办一次自己的大型个人画展。这次画展展出了四十四幅作品（六幅布列塔尼作品，三十八幅塔希提作品），还有一些木雕和陶瓷作品，然而他得到大部分的公众反

板着面孔的（1891）
伍斯特，伍斯特艺术博物馆

馈,都是不接受的观点,并且他只卖出了一小部分作品(而且主要是布列塔尼时期的作品)。查尔斯·莫里斯是象征主义的评论家及作家,他为高更的一幅画《手持调色板的自画像》写了题词,他在画展的开幕式上这样写道:"在偌大的美术馆里,从那些挂满代表画作的墙上,高更注视着人们,倾听着人们的声音。他毫不怀疑:没有人会懂。正是他和巴黎之间决定性的分离,导致他所有伟大的想法都失败了。而对于这样一个骄傲的人来说,最悲惨的伤痛莫过于承认自己曾有过错误的想法。"然而,一些积极人士观看了画展,比如新生画派纳比画派的年轻艺术家们,再比如诗人马拉美都有自己的认识。马拉美认为"居然有人可以将如此神秘的事物画的如此精彩,简直不可思议"。

在巴黎有思想的资产阶级人士中,高更的作品所引发的丑闻还因为他对待私生活古怪的态度而愈演愈烈。他在巴黎的小画室其实早就变成了一个异国风情的小角落,里面摆放了一些波利尼西亚的布料、雕塑和小摆件,异国的照片,同样还有一些情色的绘画作品被贴在门

那里就是神庙(1892)
费城,费城艺术博物馆

外,把上面写着"人们爱这里"的标语当作挑逗性的招牌。高更和他的新情人阿娜(Annah)一起住在那间小画室里。阿娜是一名爪哇国模特,我们可以在高更1893年至1894年间的情色肖像画中看到她的身影。她最初是作为歌手妮娜·帕克的女仆来到巴黎的,经由画商安布鲁瓦兹·沃拉尔介绍与高更相识。另外,这间画室里宽敞的房间在每周四晚还会对高更的一些朋友开放,他们是艺术家、知识分子和音乐家,如沃拉尔、蒙弗雷、勒克莱尔、莫里斯和马约尔。他们聚集在此一起聊天喝酒,讨论艺术,激起了邻居的反感,也产生了一些流言

手持调色板的自画像（1893—1895）

蛊语。不管怎么说，这段时期对于高更来说是积极的、有益的，无论是从理论的角度看还是从思想的角度看，因为他致力于反思近期前往塔希提的经历，系统地编辑了他在塔希提记录的自传笔记和手稿，这份手稿记载了许多毛利族的风俗和传说，配有许多原创木版画，其灵感都来自塔希提本地绘画作品。于是，诞生了《给阿琳娜的笔记本》和"艺术家之书"《诺亚诺亚》，两本书都有高更和莫里斯的双重署名。1894年5月，高更厌倦了巴黎，决定带着他的爪哇爱人阿娜返回布

爪哇姑娘阿娜（1893—1894）

基督徒少女（1894）
巴黎，奥赛博物馆

列塔尼，先去蓬塔旺，然后去勒普尔迪。他希望自己能够在那些令人深爱的、熟悉的地方重新作画，重新担起蓬塔旺学派领导者的名号。然而此时的蓬塔旺学派已经开拓了自己的道路，对于高更的理论已经不感兴趣了。

这期间高更创作的作品，比如《布列塔尼农妇》《基督徒少女》和《蓬塔旺的水磨》，乍看上去好像标志着他要回归过去的风格，但是仔细观察就会发现，画面中的氛围、植物、人物的面部和表情都透露着一丝异域的美感，尤其是在颜色装饰上，很容易使人想起他在塔希提的作品。

除此之外，一些悲伤的事情也抑制了高更的创作激情，并且打乱了他的计划。当高更和他独特的爱人以及一些朋友，在蓬塔旺附近的孔卡诺港口采风的时候，一些水手开始嘲弄阿娜，向她扔石子还骂她是个怪胎。于是高更和他们争吵。虽然他的四肢很强健，却不免处于下风，在激烈的争斗中，他的踝骨骨折了。在医院住了几个月后，尽管伤口已经完全愈合，但他还是无法缓解内心的痛苦，长时间难以活动使他变得更加忧郁。

阿娜对布列塔尼的生活开始感到厌烦，照顾生病的爱人使她非常疲惫，高更由于经常使用吗啡和酒精等物来缓解疼痛变得十分易怒。到了秋天，阿娜决定回到巴黎，她借口公寓需要修缮以及要安排高更回家，便匆匆离开了布列塔尼。事实上，她就这样永远的消失了，还不忘洗劫了维钦托利大街的小画室，带走了所有看上去有点价值的东西。伤心又失望的高更仍然处在危险的健康状况中，因此他这样写道："尽管我有着对异域的热爱和我的声望，但是所有的这些不幸和困难接踵而至，这使我做出了无法挽回的决定：12月我将回到巴黎，将我所拥有的东西卖掉，一次性卖光，或者一件一件卖。当我有了足够多的钱，我将回到波利尼西亚……没有什么能阻止我离开，我这次离开将是永别，欧洲的生活实在是太无趣了！"

布列塔尼农妇（1894）
巴黎，奥赛博物馆

蓬塔旺的水磨（1894）
巴黎，奥赛博物馆

高更忠实地实施了这个计划，1895年2月18日，他回到巴黎，将他所有的画都委托给了拍卖行，然而在德鲁奥酒店的拍卖会现场，高更收获更多的是失望（他总共拍卖了四十九幅画，只卖出去十幅）。另外，瑞典剧作家、作家奥古斯特·斯特林堡（他经常造访维钦托利大街的画室）拒绝为高更的拍卖目录写序言。他认为自己和高更的作品完全没有关系。尽管如此，高更还是想将斯特林堡拒绝他的信件作为序言发表，同时回复道："你们的文明与我的野蛮之间有一条巨大的沟壑，你们重视文明，而对我来说，野蛮才是生活。"

高更在巴黎创作的最后一幅作品仿佛在宣告他与西方世界的彻底决裂。这件作品名为《野蛮》，是高更彩陶作品中的杰作，由女性沉重的身体和戴在脸上的面具表现了浓郁的异域风情。

野蛮（1894）
巴黎，奥赛博物馆

奇妙的泉水（1894）
圣彼得堡，艾尔米塔什博物馆

你去哪儿?（1892）
斯德哥尔摩，当代美术馆

你去哪儿? （1893）
圣彼得堡，艾尔米塔什博物馆

艺术人生——高更

高更和纳比画派

纳比画派被认为是象征主义画派的第二代，约在1889年，由于高更在巴黎的沃尔皮尼咖啡馆举办了著名的"印象派与象征派团体"画展，纳比画派直接从蓬塔旺学派中分离出来，并在年轻的保罗·塞吕西耶的带领下，准确地向新的方向进行艺术研究。然而，对纳比画派艺术理念的传播理论上与评论上做出最大贡献的人，是一名叫莫里斯·丹尼斯（1870—1943）的法国人，他是一位虔诚的教徒，也是一位画家、装饰家以及文学作品的插画家。他在1890年，对抽象派艺术做出著名的、先导性的定义："人们需要记得，一幅画，在成为一匹战马、一位裸女或者什么别的东西之前，它有必要先成为依据某种规律覆盖着颜色的表面。"这段关于绘画必要性的文字明确了纳比画派想要进行研究的风格、形式和内容，然而无论如何，他们还是从高更那里找到了自己的艺术道路。丹尼斯还在1905年写道："高更指引了18世纪90年代的一批艺术家，而马奈则指引了18世纪70年代那一批的艺术家。"那些大约出生于1860至1870年间的青年学生很早就加入了纳比画派[①]，他们都对新的绘画内容感兴趣，同样，他们对装饰艺术、文学、戏剧等也很感兴趣，这些人包括爱德华·维亚尔，格泽·格扎维埃·鲁塞尔，保罗·朗松，皮埃罗·博纳尔，乔治·拉孔布，阿里斯蒂德·马约尔，荷兰人扬·维卡得，匈牙利人约瑟夫·里普尔－罗瑙伊以及瑞士人费利克斯·瓦洛东。

事实上，欣赏高更是这些不同的艺术家唯一的共同点，他们认为自己是带着神圣光环的新画派的先导者。他们常在蒙帕尔纳斯大街的朗松公寓

---

① Nabis，来自希伯来语Nabiim，意思是先知。丹尼斯还曾断言："这个名字使我们成了一个神秘艺术团体的内行"。——译者注

四月（1892）
莫里斯·丹尼斯
奥特洛，库勒－慕勒美术馆

聚会，并把那里称为"圣堂"。聚会的时候他们说着一种仪式的、神秘的、暗号般的语言，穿着出席典礼的服装，充满了神秘感和异国风情。他们共同的基本原则是：绘画风格的二维性和装饰性（尤其是在应用艺术中），将情感、现实的象征性等"不可见"因素呈现的重要性，以及为了表达事物的真实存在、运动和灵魂的状态等。他们还使用一些奇特、古怪的线条。另外，受到高更绘画中人物的简单性的启发，他们还将兴趣转向了对一些古老艺术作品（比如中世纪的彩色玻璃画、古埃及绘画、拜占庭马赛克等）的拟古主义，转向了雕刻、先锋派戏剧、象征派文学。他们通过《白色评论》(Revue Blanche)"与象征派文学家有着持续的联系，尤其转向了哲学和神学的学说。莫里斯·丹尼斯之后曾记载过："我们把普洛蒂诺、埃德加·爱伦·坡、波德莱尔和叔本华混为一体。我们看的神学杂志主要是佛罗伦萨的，比如布拉瓦茨基夫人、佩拉当、蔷薇十字会的展览。"然而，尽管他们有着浮夸的教养，谈论着精神上的内容，他们的语言却总是很直接、清晰、有概括性又好理解。在高更于1891年去往塔希提之后，他们便缺少了一种强烈的内聚力。尽管如此，那一年纳比画派还在独立美术展上展出了他们的作品，也引发了可预见的争论，然后在新艺术风格（这个流派被认为是先驱艺术）美术展，以及一些其他的画展上都展出了作品，直到1900年，他们的内聚力变得更小了，于是便停止参加画展。

自画像（1889—1890）
爱德华·维亚尔

1896—1903
太平洋和马克萨斯群岛

永别欧洲

尽管高更在巴黎德鲁奥酒店进行的拍卖活动总体上是失败的,但他还是勉强凑齐了旅行需要的钱。于是,1895年7月3日,他登陆马来西亚岛,终于如愿以偿地离开了欧洲来到了太平洋。

他此时和法国仅有的联系,便是与好友达尼埃尔·德·蒙弗雷以及安布鲁瓦兹·沃拉尔的书信往来。他把一些自己的画送给了他们,把剩余的画委托给了画商奥古斯特·博希和乔治·肖代,与此同时,查尔斯·莫里斯则在忙着进行写作。高更此时已经四十七岁,他几乎是带着绝望离开的:他感到失望、孤独、缺乏爱,穷困潦倒还受病痛折磨。除了踝骨骨折(还没有彻底痊愈)、

茶壶和水果(1896)
费城,费城艺术博物馆

静物画:杧果(1896)

心脏病、嗜酒引发的疾病之外，因为蒙帕尔纳斯偶然遇到的一个妓女，他甚至还患上了梅毒，他将其称为"不幸的疾病"。

在他的旅行途中，他曾在新西兰的奥克兰短暂停留，并因此有机会去参观新的人种博物馆的毛利族艺术品收藏。经过两个月的旅行，1895年9月，高更登陆塔希提岛。然而他发现，首都帕皮提被西方殖民者彻底地改造了，于是他决定前往普纳奥亚，就在岛的西边，他在那里建了一间竹屋，用椰树叶做了屋顶，他和另一个十四岁左右的塔希提少女一起居住在这里——他的室友兼模特——帕乌拉（德乌拉此时已经结婚了）。

1895年至1897年间，在高更第二次居住在塔希提的初期阶段，他用无止境的精力和想象力在创作，画了几幅意义不明的画。这些画主要是棕褐色，暗色调的，画面中有很多人物，挤满了他的作品，相比于风景来说，这些人物更占主要地位。比如《为什么你在生气？》《喜悦的日子》《他们无所事事》等，这些都是1896年的作品。

1896年夏，高更完成了一幅巨大的油画作品，这又为他重新找回了一些自信，

他们无所事事（1896）
莫斯科，普希金博物馆

尽管此时他的身心处于糟糕透顶的状态之中。他在写给好友蒙弗雷的信中这样描述这幅《国王的女人》："我刚刚完成了一幅1.3米×1米的油画，我认为这幅画是我到现在为止画的所有画中最大、最高、最好的一幅：一位女王，她躺在一张绿色的地毯上，一个女仆在摘水果，两位老人站在一棵大树旁，他们谈论着科学树，在背景里的沙滩……我觉得我从来没画过颜色如此浓厚、不协调的作品。"为了完成这幅里程碑式的裸女图，高更研究了许多西方古典肖像画，比如画维纳斯的以及画卧躺裸女的，这些画作都出自古代及近现代大师之手，比如乔尔乔涅、提香、卢卡斯·克拉纳赫（老）、马奈等。马奈的作品《奥林匹亚》中过于现实的性感，使这幅画在1865年的官方沙龙上展出时激起了公众的愤怒。而高更画的这幅画被勒克莱尔称为"黑色的奥林匹亚"，这幅画完美地契合了高更对原始美的审美理念："为了呈现一些新的东西，有必要回到原始，回到人类的开端。我的夏娃几乎就是一只动物，也正如此，尽管她是裸体的，她也是纯洁的。但是沙龙上所有的维纳斯都是下流的、淫荡的。"1897年对于高更来说，意味着一系列的不幸，从他由于病情恶化而无数次入院开始，到他得知他心爱的女儿阿琳娜（他为她写了一本《给阿琳娜的笔记本》）因肺炎不幸去世，年仅二十岁。这些不幸还引发了高更自杀的念头，使得他还曾服下过砒霜。

为什么你在生气?（1896）
芝加哥，芝加哥艺术学院

独木舟（1896）
圣彼得堡，艾尔米塔什博物馆

艺术人生——高更

国王的女人（1896）
莫斯科，普希金博物馆

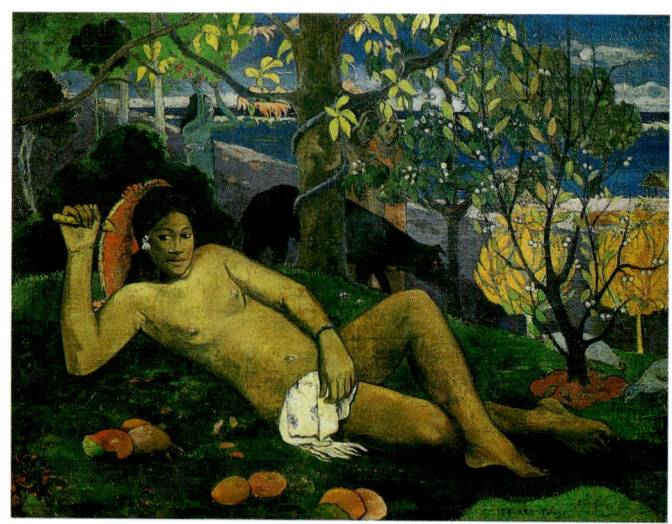

奥林匹亚（1863）
爱德华·马奈
巴黎，奥赛博物馆

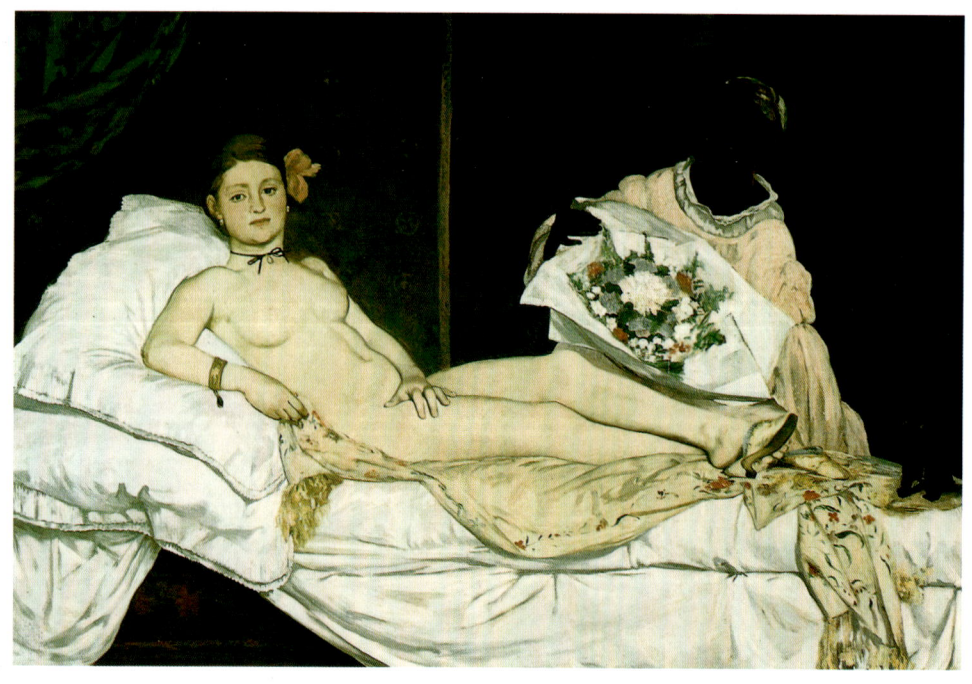

高更的手稿

对于高更来说,写作是他人生中固有的一种表达情感的方式,和绘画、雕塑一样,他有时会在它们之间轮换。高更和好友以及艺术界、文化界的熟人保持着不间断的书信往来,这为他提供了完善自己写作能力的机会。除了这些书信,高更还写了许多关于绘画有趣的理论、一些针对自己作品的评论与解释、自传性文章,以及一些关于政治问题和宗教问题的文章。高更的写作语言十分直白、生动,偶尔还有讽刺性,他针对政治问题和宗教问题的文章一般都发表在法国以及塔希提的报刊、杂志上(比如他自己创办的《微笑》,还有《黄蜂》等)。他的自传展示了他创作中最有趣的部分,因为它自然又自发地揭示了他思想中最隐秘的部分,他对生活、对艺术最真实的看法以及他的道德和美学标准。

在他自愿流放到波利尼西亚、塔希提岛以及马克萨斯群岛期间(1891—1903),是他对写自传付出精力最大的时期。此时他一直疾病缠身,身体状况越来越差,他几乎不能作画,因此他便集中精力进行写作。他献给心爱的女儿的手稿《给阿琳娜的笔记本》(约1893)是一份"散乱的笔记,没有连续性,就像梦一样,也就像这由碎片构成的整个人生"。

继他的文集《各种各样的东西》(1896—1897)之后,他创作了著名的自传文章,里面还记载了毛利人传说,题目为《诺亚诺亚》,意思是"香的,香的"。这也是塔希提岛传统的名字。根据高更的计划,这份1893年的手稿本应作为"艺术家之书"和他有影响力的好友查尔斯·莫里斯共同署名出版,而莫里斯应为这本书写一些象征派的诗歌,用来作为对高更绘画作品的评论。"我有一个想法,我来谈论一些蒙昧的

《诺亚诺亚》的封面

民族，将他们的性格和我们的做对比，这样就可以得到一种独特的作品——将我的野蛮和莫里斯的文明放在一起呈现。"高更已经为这本书准备好了一些十分美丽的原创木版画，灵感都来自他在塔希提创作的作品，然而不幸的是，莫里斯的干预大大降低了高更在风格上的生动性。

《诺亚诺亚》在1901年才第一次正式出版，有高更和莫里斯的共同署名。这部作品诞生于高更在塔希提记载的散乱的故事中，但主要还是和他长期记录的笔记《古老的毛利宗教》相关。这本笔记中包含了许多毛利神话故事。除了这些源泉，高更还受到一篇文章的启发，即穆伦豪特写的《在大洋中岛屿上的旅行》，这篇文章包含关于那些民族神话的丰富信息和细节内容。另外，1898年至1900年间，高更在帕皮提还完成了一本名为《现代精神与天主教》的小册子，他在这本小册子中控诉当时的天主教教廷失去了基督教和福音的真正的精神。在高更人生中最后的悲伤的几年中，他还写了一些复杂难懂的文集，记载了一些自传性的、日记体的文章：《一个拙劣国家的故事》(1902)、《之前和之后》(1902至1903年间完成于马克萨斯群岛，于1918年发表)。在他对即将到来的人生结局平和的预感之中，记忆与未来相互交织，混为一体："人们都记得自己的童年，记得发生了什么事吗？之前的记忆，也许是对未来的记忆。我不知道如何确定……我记得我活过，我也记得我并没活过。昨晚我梦见我死了，有趣的是，那一刻我觉得我真的幸福地活着。"高更完成了他的书，并在最后一页贴上了丢勒的《骑士、死神与恶魔》的复制品。

在戈尔戈塔教堂的自画像（1896）
圣保罗，圣保罗艺术博物馆

我们从何处来？我们是谁？我们向何处去？

高更的不安和痛苦并没有减弱，同样没有减弱的是他对绘画的渴望，或许这些使他绘画的主题带上了更复杂、更神秘的含义，同时也带有文学和诗歌的色彩。他将一幅帕乌拉裸体躺在床上的肖像画命名为《永远不再》，这幅画能使人想起诗人埃德加·爱伦·坡的那首《乌鸦》中忧郁的副歌。这首诗被好友马拉美翻译成法语，并且在高更去往塔希提之前的告别宴的谢幕式上，马拉美还朗诵了这首诗向高更致敬。然而，高更给好友达尼埃尔·德·蒙弗雷写信说："关于题目'再也不'，指的并不完全是埃德加·爱伦·坡的《乌鸦》，而是恶魔的那只负责看守的鸟。这幅画其实画得并不好（我十分紧张不安，只能工作一小段时间），但无论如何

欢乐的日子（1896）
里昂，里昂美术馆

永远不再（1897）
伦敦，考陶尔德艺术画廊

我觉得这是幅还不错的油画。"另一幅名为《梦》的作品也是在1897年创作的，在它装饰性的表面背后，隐藏着极深的意义，房间里墙上的边饰画上神秘的图案、雕有类人猿花纹的摇篮里睡着的婴儿，那些意义就隐含在其中等待你去寻找。因此，这幅尤具象征性的、诗意的画作的标题，刻意起得十分隐晦。高更还对蒙弗雷这样写道："这幅画中的每一个物体都好像在做梦。到底是谁在做梦？是婴儿，是妈妈，是小路上的骑士还是说也许就是画家？"

无论高更在他试图自杀的期间，完成了或是没有完成这幅巨大的画作《我们从何处来？我们是谁？我们向何处去？》（有三米多高），他仍会成为大家

薇玛蒂（1897）
巴黎，奥赛博物馆

梦（1897）
伦敦，考陶尔德艺术画廊

讨论的对象，就像他那无数的作品最后都变成了对这幅作品的评论性阐释一样。这幅巨大的油画，被高更自己认为是他最重要的一幅作品，而这其实也是他精神的、艺术的某种遗言，是关于他艺术主题的美学概括，是对他世界观的哲学总结。

1898年2月，高更给好友蒙弗雷写信，信中高更详细地描述了这幅由三部分组成的作品的特别之处，同时也揭示了一些隐喻的意义："画面上方的两个角是铬黄色的，左边的那个角上有一些碑文，右面的角上有我的签名，这样使得这幅画看起来像是一幅画在金色的墙上的壁画，只是边角损坏了。在右下方坐着三个女人，还有一个睡着的小孩。两个穿着绛红色衣服的人在交流思想。一个巨大的人物形象不自然地蹲踞在透视范围之外，朝着天空举起一只手，并且惊讶地看着那边在交流的两个人，诧异他们竟敢思考自己的命运。中间有一个人在采摘水果。中间的小孩后面有两只猫、一只山羊。左边的佛像将两只手神秘又奇特地举向空中，好像

在指向冥界。另一个坐在一旁的女人好像在倾听佛诉。最左边在死神旁边年老的女人，好像顺从地接受了她脑海中的想法。她凝视着历史，一只奇怪的白鸟落在她的脚边，两爪抓着一只蜥蜴，象征着言语无力。这幅景象建立在一个树林里的小河岸上。背景远处则是这座小岛附近的山和大海。

"尽管背景的色调从一端明亮的绿色变到另一端的蓝色，浓厚的橘黄肉色的人体还是显得很突出。"在完成这幅作品后，高更有意让这幅作品看起来是自己才能的即兴发挥，像是天鹅临终前的最后一声长鸣。他说自己没有草稿，没有模特，不分昼夜地画着这幅画，他在"面对着我们

我们从何处来？我们是谁？我们向何处去？（1897—1898）
波士顿，波士顿美术博物馆

我们从何处来？我们是谁？我们向何处去？（1897）
草图
巴黎，非洲与大洋洲艺术博物馆

的本质是什么、我们从哪里来这种谜团，在一种飘忽的折磨和痛苦的感受之中"完成了这幅画。然而事实上，后来人们在高更1898年2月写给蒙弗雷的信中找到了一些草图和方格纸设计图，以及从另一张同年6月拍摄的照片中，我们可以得知那时这部作品还没有完成。无论高更是即兴完成了这幅作品还是经过了深思熟虑，不管这是不是"临终绝笔"，这幅作品都是高更的一次绝妙的尝试。相比于"原始感"，更是为了给自己的艺术理念增加一种宇宙感，高更还参照了一些欧洲文学作品，主要参照的是象征主义流派的作品，比如蒙克、克里姆特、费迪南德·霍德勒的作品，或者一些古典作品以及皮维·德·沙瓦纳的哀歌体文学作品。就像这幅作品的标题《我们从何处来？我们是谁？我们向何处去？》影射的那样，这幅作品暗指人在一生中不同阶段不同的存在形式，从童年到暮年。对于高更来说，在宗教信仰和自然本能背后的人性分成了两种趋势，一种趋势是西方世界的理性与哲学（那两个穿着绛红色衣服的人物就是其代表），另一种趋势是放任自己生活在幸福的无意识之中，生活在自然的和谐、宇宙的规律之中。从技术上来说，这幅画有些透视的地方是不完善的，高更故意让一些人物看起来是平面的、二维的，一些颜色的使用也十分武断："这是一幅不规则的，有一堆缺陷的画，让人看上去觉得十分不舒服……然而我也认为这幅画不仅超越了我之前所有的作品，而且我再也画不出来一幅更好的，或者类似的作品了。"高更仿佛在有意追寻着一个来自现实的抽象概念，他追求最强烈的、最有表达效果的视觉感受，并通过"真实的材料"把这种视觉感受和灵魂状态相联系。他痴迷于音乐（他是手风琴和吉他的业余爱好者），在这里他更想表达一种音乐的和谐，而不是视觉的和谐。

白马（1898）
巴黎，奥赛博物馆

1898年7月，高更将这幅画寄往巴黎，寄给了画商安布鲁瓦兹·沃拉尔，他似乎对高更的作品很感兴趣，所以高更希望他可以展出这幅作品。尽管高更的这幅画和其他的八幅画卖得都不好，他的艺术却开始（此时他已离欧洲非常遥远）被公众和评论界认可，这也包括他在《白色评论》上发表的新作《诺亚诺亚》。

与此同时，在高更经历过一次死里逃生的中毒经历后，他的病情有所缓和，于是他开始作为一名制图者，在帕皮提的公共服务机构里工作了几个月。此时高更有了足够的钱来付自己的医药费，也让那些咄咄逼人的债权人闭了嘴。然后高更离开了那个平庸的岗位，带着他重新焕发的精力投入绘画创作中，同时深信《我们从何处来？我们是谁？我们向何处去？》这幅里程碑式的画作不会成为自己最后的作品。

1898年至1899年间，高更用简单的轮廓和华丽的、天马行空的颜色创作了一些作品，比如《白马》《可口的水》，构图整齐、严谨的《谈话》，和平、性感的《两个塔希提妇女》等。这些作品从一种对外在情色的表现转向了对一种特殊氛围的回归，他那缺少文学隐喻和象征性的、和谐的、雕像般的人物轮廓，使他的作品重新回到了法国公众经典、优雅的品位中。其实对于高更来说，尽管他在塔希提疾病缠身，经济窘迫，还被当地的官僚为难，像这样综合概括他在塔希提的生活理念的作品，却不失为他在塔希提受到当地妇女热情招待的证据。

可口的水（1898）
华盛顿，华盛顿国家美术馆

谈话（1898）
爱丁堡，苏格兰国家美术馆

两个塔希提妇女（1899）
纽约，大都会博物馆

象征主义边饰画

法国象征主义画家古斯塔夫·莫罗（1826—1898）曾写道："我不仅仅相信我所看见的，我唯一相信的是我感觉到的。"他这种说法很好地概括了象征主义的理念。象征主义这个术语诞生在19世纪八九十年代。象征主义的文学艺术作品大多站在现实主义的对立面，研究在现实的表象之外，形式里固有的理想化内容。1891年在法国第一次展出了一幅象征主义绘画作品，然后评论家乔治·艾伯特·里尔在《法兰西信使》（Mercure de France）上发表了关于新象征主义绘画的学说。该学说认为艺术作品的功能性按级别由高到低排列应是：理念性、象征性、综合性、装饰性，同时该学说还融合了高更个人的理念以及蓬塔旺学派的理念。于是，象征主义的理念、哲学和艺术便席卷了欧洲，从法国到比利时，从英国到德国，从奥地利到意大利，催生着不同的美学理念和艺术手法。象征主义的狂热在德语国家就像是一场针对学院派的革命，甚至还因此诞生了分离派：1892年诞生于摩纳哥，1897年于维也纳，1898年于柏林。象征主义其中一个最主要的美学参考就是古典艺术，尤其是在建筑边饰上雕刻的装饰性线条。尽管如此，就像埃米尔·费尔哈伦在《现代艺术》（1886）中写的那样："现代的象征主义和古希腊的相反，它注重的是抽象……从具体中激发抽象……它描绘出来的所见、所闻、所感、所尝，都是为了在其中孕育出一种联

贝多芬的边饰带（1902）
古斯塔夫·克里姆特
维也纳，分离派展览馆

想,一种新的理念。"依循着寺庙的柱顶、横檐梁上的建筑元素,装饰性边饰画有了更进一步的发展。出于这个原因,19世纪末的一些象征主义和现代主义的画家将他们线条的、二维的巨大绘画装饰称为"边饰"。在此基础上,他们还给象征主义的图像加上了线性的、音乐性的价值,象征主义者把边饰画看作一种重复,一种平行性,一种人物形象的节奏感,费迪南德·霍德勒(1853—1918)的绘画作品就是典型的例子。挪威画家爱德华·蒙克(1863—1944)曾这样写道:"可以通过使用同一种颜色的调和来创作一幅边饰画,它可以不受光线的制约,深深向下陷入黑暗的深渊之中。

它的表现力是可以调节的。同样地,不同的表现力可以一遍又一遍唤起内在的主题,然后像雷鸣一样,将它们四处洒落。"高更约在1898年创作的《我们从何处来?我们是谁?我们向何处去?》就是一幅边饰画。在这幅画的进程里,高更很清楚地将它们分成了人生的不同阶段。在这幅画面世之后,1902年,分离派分别在维也纳和柏林展出了古斯塔夫·克里姆特(1862—1918)的《贝多芬的边饰带》以及爱德华·蒙克的《人生之舞》。就像高更在塔希提在他生命中最悲惨的时刻画的那幅画一样,一幅展示了积极的一面,另一幅展示了消极的一面,仿佛代表着生与死的宇宙价值和存在意义。

第一天(1899—1900)
费迪南德·霍德勒
伯尔尼,伯尔尼美术馆

人生之舞（1899—1900）
局部
爱德华·蒙克
奥斯陆，挪威国家美术馆

人类的土地

在生命中的最后几年，高更的疾病在缓慢地消磨他的身体和意志，每天他只有一点点舒适的时间，这使他变得十分消极、易怒，于是高更和岛上的政府的关系也日益恶化。为了保护当地人的利益，他开始认真地同殖民政体战斗，他在帕皮提当地的讽刺性报刊《黄蜂》上发表了一些杂文和政治性文章，后来他还成了该报的主编。在他发表完第一篇文章的两个月后，他创立了一份报纸——一份"严肃的报纸"，报纸名为《微笑》。他同时担任这份报纸的作者、插画者、编辑、印刷者和推广者。尽管他在报纸方面的努力看上去偏离了他的本职，其实他先前在法国也曾经参与过类似的斗争运动。另外，作为一名记者的儿子，他已经在《现代主义画报》上发表过富有争议的、带有政治色彩的文章，那篇文章发表于

扶手椅上的向日葵（1901）
圣彼得堡，艾尔米塔什博物馆

1889年9月21日，他在其中批判了法国政府购买艺术作品的体系。他的文风刻薄、尖锐，而现在他将批判的对象转向了殖民政府和宗教权威，转向了天主教传教士和中国移民，他指控这些批判对象加大了对塔希提本地居民的压迫。

与此同时，尽管法国收藏家对高更的作品越来越感兴趣，甚至沃拉尔还提出付他三百法郎左右的薪水用来每年换他的二十五幅作品，但高更好像越来越没有精力作画。实际上在1900年至1901年间他有没创作几幅画，而这些作品大部分都是古典、端庄的静物画。由于他在报纸上大肆传播自己的批判性文章激起了广泛的敌意，天主教传教士对其进行负面宣传导致很多塔希提本地人也不愿做他绘画的模特，他创作的可能性被降到了最小。这一切使他又一次萌生了逃离的想法："我想在马克萨斯群岛那里应该更容易找到模特（这件事在塔希提变得越来越困难），那里还有丰富的景色——有着完全新鲜、原始的景色，我可以在那里创作出一些好的作品。在这儿（塔希提）我的想象力已经开始减弱了，另外公众已经很熟悉塔希提了。人们是如此的愚蠢：只要我给我的画里加上新的、吓人的景象，他们就会觉得塔希提是可以理解的，是迷人的。在塔希

静物画和希望（1901）

提的画作之后，我在布列塔尼的画作就像玫瑰水，在马克萨斯群岛的画作之后，我在塔希提的画作就像花露水。"带着这份对自己、对自己艺术的价值以及对个人的、自由的坚定的认知，1901年8月，他卖掉了自己的财产并得到了一些收益，离开了他在塔希提的第二个家，离开了帕乌拉和两个孩子，登陆了马克萨斯群岛（位于塔希提岛东北方向，距离约一千四百公里），这些岛屿还相当原始，使高更可以重新拾起他的幻想，并且也许可以使他重回健康。

高更住在希瓦瓦岛，那个时候还叫作多米尼加岛，是马克萨斯群岛中的十二座火山岛（只有六座有人居住）之一，在当地的语言里这座岛叫作"特埃努阿艾纳塔"（Te henua enata），意思是"人类的土地"。刚到这座岛上，看到茂密的雨林、巨大的岩石山、奇妙的岩浆礁石，高更立刻被当地的自然景观无可比拟的壮绝震撼了。然而当地的居民看上去已经受了西方文化的影响，他们的社会结构和性格里都没有了那种原始的骄傲，并且这里已经成为天主教传教士"使文明化"的作品，岛上的大部分居民已经是天主教的信徒了。"都是因为传教士，马克萨斯群岛的原始艺术已经绝迹了，传教士们认为当地的雕刻与装饰都是盲目崇拜，意味着对上帝的冒犯。"

在这里高更也进入了反抗军的角色，煽动毛利民族反抗西方强权。不久之后当地人便开始喜爱上了高更，并把他看作朋友，同时高更也在试图说服当地人不要上缴税款，反抗西方人制定的法律。他用他的智慧、透彻的理解力警告当地人所谓的"文明化"中固有的危险。"很快，当地人就不懂如何爬上一棵椰子树，不懂如何上山去寻找有营养的野生香蕉了。孩子们会被困在学

野蛮人的故事（1902）
埃森，弗柯望博物馆

校里，缺乏体育锻炼，总是穿着衣服（为了合乎奇怪的体面），他们会变得越来越脆弱，变得无法忍受山里的夜晚。所有人都开始穿鞋子，他们的脚会变得越来越脆弱，然后就不能在粗糙的小路上奔跑，不能穿过岩石上的激流了，然后就这样渐渐地我们就能见证一个种族的灭绝。人们的肺会生病，肾脏会变虚弱，卵巢会被水银毁掉。"疾病正无情地加快高更走向死亡的脚步，但与此同时高更发现，在自己的艺术灵感中除了有对当地社会、政治的同情外，还有一种几乎从未见过的轻快和自由，这使他的作品真的成了杰作，尽管这些作品都是神秘的、现实主义的创作，却脱离了所有原始主义的隐喻。

高更在这段时期创作了许多富有象征主义的作品，其中一幅叫作《涉水》，这幅作品仿佛是作为高更的精神遗言创作出来的，他很清楚他即将到达人生的终点。有着寓意的两个骑士（根据肖像画的传统，这两个骑士象征着从人间走向冥界）好像在朝着未知的方向旅行，然而，在他们身后展现的人生每天都是一样的。这幅画的轮廓淹没在强烈的色彩之中，甚至在某种程度上看起来好像是遵循着抽象的、无形状的美学理念。高更向好友蒙弗雷写道："这里，诗歌在这里独自蔓延开来，为了唤起这份诗意，只需要任由它去梦里同时作画。"

涉水（1901）
莫斯科，普希金博物馆

高更的影响力

高更被公认为蓬塔旺学派的鼻祖、纳比画派的指引人之一。他的象征主义尤其被认为是新艺术风格的装饰性、线性特点的前身。事实上，高更的艺术语言对19世纪接下来的艺术风格的不同方面都有着重要的影响。总之，在高更之后，绘画不能再被认为仅仅是描绘现实，或者是表达和自然景象相关的一种视觉印象的工具，而是一种对自身的自由表达，一种具有艺术家自身情感或想象的一种表达。正是因为绘画从"印象主义"的转变成了交流性的、"表现主义"的，高更被认为是德国表现主义者出现的先决条件。另外，这些表现主义画家和高更一样，深深被人类传统的、"原始的"、纯真的生活状况所吸引，并通过颜色与符号充满情感的、强烈的力量将这种热爱表达出来。高更晚年的一次宣言曾被亨利·马蒂斯以及野兽派所赞同："我发现光线和阴影的错综变幻并不能表现同样色彩的光线表现出来的相应的效果……那么什么才是它的等值效果呢？纯色。"所以，高更在他的作品中的色彩选用上重点选用了具有表现力的纯色，并且强调了色彩的浓度，同时搭以极其简单的轮廓，这也是马蒂斯和野兽派的典型特征。就像人们所说的那样，高更轮廓上的自主性、原始性以及野蛮的能量深深地影响了巴勃罗·鲁伊斯·毕加索（1881—1973）。毕加索于1905年定居巴黎，有机会在画商安布鲁瓦兹·沃拉尔那里研究高更在马克萨斯群岛创作的作品。1907年第一幅立体派作品《阿维农少女》诞生了。19世纪另一个基本的、多样的艺术运动是抽象主义。抽象派的代表画家是瓦西里·康定斯基（1866—1944），他画中色彩的优越性、音乐般的维度、精神的以及心理的表达都是受高更的启发，他除了在自己的理论思考中进行了抽象主义的尝试，他还在最初的风景画以及《即兴》系列画中进行了实验，在这些画中他为了达到完全的抽象主义，彻底抛弃了物体的形状。

即兴14号（1910）
瓦西里·康定斯基
巴黎，巴黎现代艺术博物馆

享乐之家

高更在1902年的作品里也有另外一些走向冥界的骑士,陪伴着他们的有灵魂,还有波利尼西亚的戴斗篷的恶魔,比如在《沙滩上的骑士》一画中,精致刻画的人物仿佛是从红珊瑚沙滩上剪取下来的。埃森的博物馆中其他的同名画作也是这样,骑士们背朝着画面,另有两个骑白马(白色在那些岛上表示哀悼)的恶魔与之同行,在一片抽象的、无边无际的风景中,高更用了寥寥几笔勾画了这两个恶魔,整幅作品看上去都遵循了色彩和线条的表现主义价值。

在高更去世的前一年,他在希瓦瓦岛创作了一些极其美丽的、精致的作品,这些作品有着无可比拟的、迷人的安详感,比如《拿扇子

沙滩上的骑士(1902)

的塔希提女人》。这幅画描绘了一个童话般、忧郁的红发模特,很可能是托塔娃(Tohotaua),也就是该岛巫医的妻子。这个巫医叫哈普瓦尼(Haapuani),是高更1902年另一幅神秘主义画作的主人公。这个女模特还与另一位黑发模特一起出现在了《野蛮人的故事》一画中。她一动不动,好像是一尊东方的神像。这两个纯粹的女性形象仿佛在影射受到西方理性世界威胁的毛利族本能的、自然的文化,而他将这种西方理性文化概括在他给老友德·哈恩画的肖像画中,在其中他将德·哈恩的形象转化成恶魔一般、阴险的样子。

高更在那些年里买下了一块天主教传教用的土地,这块土地在阿图瓦纳村庄里,他在那里建起了他的最后一间木屋,他给这间屋子命名为"享乐之家"。

这个地方不久之后就变得颇具高更的个人特色:他用巨杉木的镶板和雕刻装饰自己的卧室和书房,木板上刻画着具有强烈原始感的人物形象,周围点缀着花叶饰,这些木板与宗教画的木板对比,产生了一丝讽刺的意味,同时也十分具有

沙滩上的骑士(1902)
埃森,弗柯望博物馆

装饰性。

1903年,高更和另一个年轻的塔希提妇女玛利亚·罗丝·瓦斯柯一起,在他的"享乐之家"中度过了人生中的最后一年。他和这个妇女生了他的最后一个女儿,塔伊雅媞考玛塔(Tahiatikaomata)。他还在塔希提的时候就写道:"我没法避免自己到处播撒自己的种子……一个孩子是一个人创造的最好的礼物,所以我没什么理由去担忧这个事情。"同时,他的疾病继续恶化,他用生命中的最后几个月写了一本长长的文集——《之前和之后》,这是一本关于高更思想与回忆的文集,语言混乱又浮夸。海军医生维

拿扇子的塔希提女人（1902）
埃森，弗柯望博物馆

克多·塞加朗是高更在马克萨斯群岛生活的第一位见证人（因为没有其他欧洲人在那里与高更相遇），他将高更的生活描述为"一个奢华又哀伤的舞台布景，正适合一个所谓的临终。是壮丽又悲伤的，笼罩在一种恰当的氛围之中，这是流浪的一生的最后一幕"。因为疾病，高更此时已经彻底垮了，并且几乎双眼失明，但他还是坚持用尽全身力气作画。1903年2月，他甚至还想回到政治斗争中去，试图保护一群被指控醉酒的当地人。他以一副寒酸的、颓废的样子出现在法庭上，很显然，他并不能为保护他们派上什么用场。他的一位邻居是这样描述他人生中最后几个月的衰落的："我总是看见高更十分虚弱、疾病缠身。他几乎不怎么离开他的家，在阿图瓦纳村庄里遇见他是件令人心痛的事情。他总是艰难地行走着，双腿弯着，身上只穿着毛利族的原始服装，就是一条彩色的毯子围在腰上，上半身穿着一件塔希提衬衫。他几乎总是光着脚，戴着一顶灰布呢的学生帽，帽子的一边还有一个银色的小球。"

在接下来的几个月里，高更被指控诽谤宪兵队及该岛政府，在当地人之中煽动反对政府的无政府主义思想。

享乐之家的镶板（1902）
巴黎，奥赛博物馆

召唤(1902)
克利夫兰,克利夫兰艺术博物馆

他自然没有什么理由去辩解，于是不可避免地上缴了五百法郎的罚款，还被关押了三个月。与此同时，就连他的最后一位女伴也要带着小女儿离开他了。所有的这些，甚至还要再加上些别的，都在恶化着他已经很悲惨的健康，使他已然不能继续创作和生活，宣告着他人生的终结。就这样，1903年5月8日，五十五岁的保罗·高更因心脏病发作而逝世，可能是一次吗啡的过量使用导致的。最后聚在他身旁的人分别是一个年老的毛利巫医托伊卡和一个新教牧师韦尼埃，他们好像代表着高更一直反复挣扎的两个极端，野蛮与文明。两种内在的力量，是文明的、资本主义的欧洲推动他生活在自由之中，生活在一种幸福却折磨人的融合体之中：一个与自然、与自己生存的、原始的、创造的本能相融合的生活之中。

高更在临终前曾在病榻上提出请求，将他的雕塑《奥维利》(*Oviri*)放在他的墓旁，象征性地为他守灵，这件雕塑作品是他最有力的创作之一。如他所愿，这件雕塑被放在了他的墓旁——阿图瓦纳天主教公墓里的一小块土地。塔希提语"Oviri"意思是"野蛮的"，这个粗鲁的词汇是高更自己想用来形容自己的，这个词代表着他所想成为的、原始的、粗鲁的形象。这个作品最初在1903年由沃拉尔安排在高更旧作回顾展中展出，接着在1906年的秋季沙龙

自画像（约1903）
巴塞尔，巴塞尔美术馆

展上展出，并且可以确信地激发了毕加索的灵感，他在第一幅立体派作品《阿维农少女》中部分地借鉴了这件雕塑中吓人的面部形象。于是，野兽派、表现主义和立体派便各自追随着高更的异国风情和原始主义，尝试以新的空间形状模型以及新的文化价值来解救欧洲艺术的危机，其实这也正是高更在最初，本能地尝试去做的事情。

巴勃罗·毕加索（1937）

希瓦瓦的巫医（1902）
列日，列日现代当代艺术博物馆

电影中的高更

高更，作为一个与众不同的艺术家，一个寻找自我的爱冒险的旅行者，灵魂饱受折磨，为作画耗尽心神，最后因疾病和孤独而死去。这样的一个形象，自然会激起公众的想象，激发作者和剧作家的创作灵感，更别提引起电影导演的好奇心了。几乎所有的以高更人生为原型的电影都依照着"糟糕的"艺术家这种刻板印象：他因自己激进的、不随波逐流的人生选择而变得乖戾，最终从社会上消失。第一部以高更为原型的电影是由德国表现主义者弗里德里希·穆尔瑙（《不死僵尸——恐栗交响曲》的导演）拍摄的，他和美国的纪录片导演罗伯特·弗莱厄蒂在1931年一起拍了电影《禁忌》。许多的拍摄都是在波利尼西亚进行的，许多镜头都是来自高更的作品，比如说有死神出现的《死神凝望》。1942年阿尔伯特·列文拍摄了《月亮与六便士》，改编自威廉·萨默赛特·毛姆的小说《月亮与六便士》1919)，这部电影充满着浓厚的现实主义色彩，灵感来自高更饱经磨难的人生，小说将他改写成了一个英国画家（之前是一名证券经纪人）查尔斯·斯特里克兰，抛弃了文明社会逃往"野蛮的"塔希提，最后在那里悲惨地死去。1956年，文森特·明内利拍摄了一部著名的电影《欲海浮生》，这部电影集中讲述高更在阿尔勒和文森特·凡·高的生活以及他们之间悲剧性的友谊。该电影由两位知名演员参演：柯克·道格拉斯（饰文森特·凡·高）和安东尼·奎恩（饰高更），后者因为其充满表现力的表演，将他饰演的高更刻画得深入人心，获得了奥斯卡的最佳男配角奖。唐纳德·萨瑟兰是另一位在电影中饰演过高更的著名演员，他所参演的电影是1986年由亨宁·卡尔森制作的《高更：门边的狼》，其中讲述的是高更第一次去塔希提之后回到巴黎的生活。那时他的家庭问题和经济问题，以及他对点燃自己激情、创作画作的绝望的尝试变得十分折磨人并且相互矛盾，迫使他选择将自己永久地流放到塔希提。最近的一部关于高更的

艺术人生——高更

电影作品是1991年的一部加拿大电影，导演是让-克劳德·拉布莱特，电影名为《早安，高更先生》。这不是一部自传电影，而是一部关于一幅高更的失窃画作的科幻片。除了被这部包装成自传的科幻片，还有许多以高更为原型的纪录片电影，比如1951年艾伦·雷斯内拍摄的《高更》，1979年费尔德·库克拍摄的《野人高更》，1980年在意大利拍摄的《凡·高与高更》以及福尔科·奎利奇（1955—1995）拍摄的《保罗·高更在南海岸》。

文森特·明内利导演《欲海浮生》（1956）剧照

年表

历史同期大事记	年份	高更生平大事记
巴黎：第二共和国成立。路易·菲利普倒台，临时政府成立。路易·拿破仑·巴拿马被选为共和国总统，任期十一年。伦敦：前拉斐尔派艺术团体成立。	1848	6月7日，保罗·高更出生。其父克洛维斯·高更时任有共和倾向的报纸《国民报》编辑，其母阿琳娜·玛丽·沙扎尔，是雕刻师安德烈·沙扎尔和弗洛拉·特里斯坦的女儿。
	1849	巴黎政治动荡之后，由于《国民报》煽动反对选举拿破仑三世的言论，高更的父亲克洛维斯·高更被迫离开法国，和家人一起前往秘鲁，投奔妻子的叔叔，然而他刚到秘鲁就去世了。
巴黎：举办世界工农业和艺术博览会。库尔贝的作品在现实主义馆中展出。毕沙罗到达巴黎。	1855	年初，由于秘鲁的政治动荡和家庭原因，阿琳娜回到法国，投奔丈夫的兄弟。高更上小学。
	1859	阿琳娜搬到巴黎，高更上大学。
	1864	保罗·高更在奥尔良上大学，他想进入海军学院，但是他一般的学习成绩达不到要求。
马奈的《奥林匹亚》在沙龙展上展出成为丑闻，但得到了波德莱尔的支持。瓦格纳创作《特里斯坦与伊索尔德》。托尔斯泰创作《战争与和平》。	1865	12月，高更在去往南美的商船"路齐塔诺号"上做水手。
世博会开幕（马奈和库尔贝的个人展馆）。波德莱尔去世。马克思《资本论》出版。	1867	高更环游世界。7月，母亲去世。12月，高更回到法国。其监护人为古斯塔沃·阿罗萨。
7月，普法战争爆发；9月，法国军队击败了塞丹，第三共和国成立。	1870	为"杰罗姆－拿破仑号"巡洋舰服役。到达北极圈。在普法战争中，高更参加了布洛涅、地中海和阿尔及尔的战争行动。
法德停战。巴黎公社成立。库尔贝担任巴黎公社艺术委员会主席。	1871	6月23日高更退伍，回到巴黎定居，阿罗萨为他在波迪证券交易所找了一份工作。他开始画画。
拿破仑三世去世。兰波发表《地狱四季》。	1873	11月22日，高更娶了一名丹麦女孩梅特·加德为妻。
纳达尔摄影工作室的第一届印象派画展。	1874	高更通过阿罗萨认识了毕沙罗。8月，儿子埃米尔出生。
第二届印象派画展。马拉美发表《牧神的午后》。斯大林到访巴黎。	1876	高更画作《维罗弗莱的风景》被沙龙接受。
第三届印象派画展。库尔贝去世。	1877	高更在布约和奥贝的指导下尝试了雕塑。12月，女儿阿琳娜出生。
第四届印象派画展。雷东创作第一张石版画。杜米埃去世。爱迪生发明了电灯。	1879	夏天，在蓬图瓦兹和毕沙罗一起作画，并认识了塞尚。在毕沙罗和德加的邀请下，高更参展了第四届印象派画展。5月，高更儿子克洛维斯出生。
第五届印象派画展。塔希提成为法国殖民地。	1880	夏天，高更和毕沙罗在蓬图瓦兹和奥斯尼作画。参加第五届印象派画展。

艺术人生——高更

(续表)

第六届印象派画展。《现代生活展》展出雷东的炭笔素描画。	1881	高更在卡塞尔大街上有了画室。参加第六届印象派画展。于斯曼对其《裸体习作》一画评价较高。儿子让－勒内出生。
第七届印象派画展。洛蒂发表了《洛蒂的婚姻》。	1882	高更带着十二幅作品参展第七届印象派画展。
佩蒂画廊举办日本版画展。于斯曼出版评论集《现代艺术》。Les.XX 团体在布鲁塞尔成立。	1883	在股市危机和"联合一体"的打击之下,高更失去了工作。
巴黎:创立独立沙龙。于斯曼发表《逆流》。	1884	高更搬往鲁昂,之后和妻子回到哥本哈根。
欧仁·德拉克罗瓦在美术学院的回顾展。雨果去世。安特卫普举办世博会。	1885	5月,高更在哥本哈根举办的画览,被评论家所忽视,并在五天之后闭展了。6月:高更和儿子克洛维斯在巴黎。冬天,高更因为克洛维斯患病而陷入不幸。
第八届,并且是最后一次印象派画展。印象派在美国获得成功。莫雷亚斯发表《象征主义宣言》。	1886	高更参加第八届印象派画展,结识了雕刻家布拉克蒙及瓷器家尚普勒,并开始和他一起制作瓷器。6月,在杜瓦尔的建议下,高更到达蓬塔旺,期间和伯纳德以及拉瓦尔保持联络。11月,回到巴黎,认识了凡·高和提奥兄弟。
	1887	10月,高更和拉瓦尔在巴拿马的塔沃加岛登陆。高更在巴拿马运河工地里工作,然后失去工作,生病。6月,前往马提尼克岛。
	1888	2—10月,高更停留在蓬塔旺。夏天的时候与伯纳德有一段时间的激烈的思想交流。10月,在阿尔勒凡·高处做客。12月,回到巴黎。
巴黎世界博览会召开。蒙克在巴黎。柏格森出版《时间与自由意志》。	1889	高更在巴黎居住在舒芬尼克尔家里。受邀参加每年度举办的布鲁塞尔画展。与舒芬尼克尔举办画览"印象派与象征派团体",于5月10日世界博览会上在沃尔尼咖啡馆举办画展。6月,回到英国,并在勒普尔迪的玛丽·亨利处居住。创建"热带画室"。
7月,凡·高自杀。	1890	高更将一些画委托给玛丽·亨利,11月,回到巴黎。
12月:奥利埃发表文章:《保罗·高更和象征主义绘画》。布兰奇歌剧团成立。	1891	2月,高更为了离开法国,在德鲁奥酒店拍卖他的作品。由马拉美主持,在伏尔泰咖啡馆举办了欢送会。4月,高更出发去往塔希提岛。6月,登陆帕皮提,塔希提岛的首都,出席国王波马尔的葬礼。
开创了柏林艺术家的分离派。纳比画派在巴黎布尔农维尔的 Le Barc 画廊举办了第二届展览。奥利埃去世。	1892	高更住在塔拉瓦奥,并于8月在南帕皮提的马泰亚定居。开始起草具有宗教性质的手稿。

(续表)

沃拉德画廊开业。摩纳哥分裂。巴黎无政府主义者暴乱。	1893	11月,在在巴黎的美术馆举办的大型个人画展上,高更展出三十八幅塔希提画作。与莫里斯一同协作完成了《诺亚诺亚》。搬到维钦托利大街上的一个画室里居住,在那里他举行作家和艺术家的会议,并与阿娜一起生活。
	1894	5月,高更在蓬塔旺在孔卡诺港口,因为阿娜,和几名水手吵架。踝骨骨折住院。阿娜回到巴黎,洗劫了他的画室,带走了所有有价值的东西。
塞尚在沃拉德画廊办了第一届个人画展。宾斯首次举办了新艺术风格的沙龙。卢米埃尔兄弟发明了电影。	1895	7月,高更出发去往塔希提岛,在新西兰参观毛利族艺术展。高更患上梅毒。9月,在南方塔希提岛租下一块土地。
蒙克在巴黎。布鲁塞尔举行理想主义的艺术首次沙龙。	1896	
维也纳分离派代表组织成立。	1897	1月,高更心爱的女儿阿琳娜去世。与妻子的感情破裂。眼部患疾。试图自杀。就现代精神与天主教等主题进行写作。用在巴黎卖掉的作品的钱买下了一块土地,盖了一间房子。
马拉美、皮埃尔·皮维·德·夏凡纳和莫罗去世。	1898	高更在帕皮提担任了绘画师的工作。
	1899	高更由于在巴黎卖掉了一些画作,辞去了工作。担任讽刺性报刊《黄蜂》的主编。自8月起,至1900年4月止,出版讽刺性插画月刊《微笑》。
巴黎:第五届世博会开幕。新艺术风格流行。毕加索在巴黎。弗洛伊德出版《梦的解析》。	1900	1月,高更与巴黎的画商沃拉德签了合同。健康状况不允许他继续作画。他的儿子克洛维斯去世。
马可尼发明的无线电信息成功地穿越大西洋。	1901	高更搬往马克萨斯群岛,并在希瓦瓦岛定居,离传教的天主教会很近。对传教会的主教以及向当地人征收重税的警察采取了一系列攻击性的措施。
	1902	高更开始撰写《一个拙劣国家的故事》和《之前和之后》。
巴黎秋季沙龙创立,并以一次高更纪念展作为开始。毕沙罗去世。	1903	高更被指控煽动反对当局的土著人,被判处三个月的监禁和500法郎的罚款。5月8日去世。

索引

高更作品索引

A

《阿尔勒的农场》60
《阿尔勒妇人们｜密斯脱拉风》61
《阿尔勒咖啡馆｜吉诺夫人》65
《阿利斯康景色》62
《阿塔瓦尔帕花瓶》48
《埃米尔·高更》22

B

《巴黎卡塞尔大街的艺术家之家内部》27
《白马》132
《板着面孔的》109
《毕沙罗绘高更像，高更绘毕沙罗像》22
《布道后的幻象｜雅各与天使搏斗》69
《布列塔尼的耶稣受难｜绿色的基督》82
《布列塔尼农妇》114
《布列塔尼女人》35

C

《曾经》91
《茶壶和水果》121
《穿晚礼服的梅特·高更》17

D

《大树》105
《带光环的自画像》79
《带有布列塔尼图案的花瓶》34
《戴帽子的自画像》107
《德哈·阿玛娜有许多祖先》103
《雕塑家奥贝和他儿子的肖像》25
《独木舟》123

E

《耳朵上别着花的少年》94

F

《法国的花》99
《风景》19
《扶手椅上的向日葵》138

G

《公园里的家庭》23
《孤独》108
《国王的女人》124

H

《海岸》43
《海岸》（局部）（46-47）
《红牛》74
《画向日葵的文森特·凡·高》33
《欢乐》92
《欢乐的日子》127
《黄色的基督》85

J

《基督徒少女》113
《基督在橄榄园》81
《静物》56
《静物画：曼陀林》29
《静物画：杧果》121
《静物和日本版画》73
《静物画和希望》139
《静物画：鱼》10
《静物与拉瓦尔》37

K

《可口的水》133
《克莱里埃》19

L

《蓝色的树》61
《莱达和天鹅》50
《勒普尔迪农场》73
《两个孩子》（让娜·舒芬尼克尔和保罗·舒芬尼克尔）71
《两个塔希提妇女》134
《鲁昂的蓝色屋顶》32
《裸体习作》20

M

《马拉美肖像（有题词）》91
《马提尼克女孩的头部》48
《杧果树下》49

《梅特·加德》12
《美丽的安吉尔》77
《梦》129
《木陶壶和金属砖块》10
《沐浴的布列塔尼孩子》52

N
《拿斧子的男人》95
《拿扇子的塔希提女人》145
《拿着花的女人》93
《拿着杧果的女人》100
《那里就是神庙》110
《你去哪儿?》(1892)116
《你去哪儿?》(1893)117
《涅槃》80
《女歌者瓦莱丽·鲁米》24
《〈诺亚诺亚〉的封面》125

P
《蓬塔旺的水磨》114

Q
《奇妙的泉水》116
《去和来》41

R
《热带地区的谈话》50
《热带植物》45
《人头形花瓶》87

S
《塞纳河桥》24
《三个布列塔尼少女转圈唱歌》53
《三只小狗和静物》58
《沙滩上的骑士》143
《沙滩上的骑士》144
《涉水》141
《什么?你嫉妒了?》104
《室内静物画》30
《收获杧果》49
《手持调色板的自画像》111
《梳发簪的女人》34
《舒芬尼克尔女士肖像的花瓶》87
《舒芬尼克尔一家》72
《摔跤的孩子》54
《睡觉的女婴》11

《睡着的少女》29
《死神凝望》104
《四个布列塔尼妇女的舞蹈》36
《苏珊娜·班布里奇》96

T
《他们无所事事》122
《塔马泰迪|市场》98
《谈话》133

X
《希瓦瓦的巫医》150

《享乐之家的镶板》146
《雪,卡塞尔大街》26

W
《万福玛利亚》97
《薇玛蒂》128
《为什么你在生气?》123
《我们从何处来?我们是谁?我们向何处去?》(草图)130
《我们从何处来?我们是谁?我们向何处去?》130

Y
《杨树风景画》19
《野蛮》115
《野蛮人的故事》140
《永远不再》128
《用餐》100
《有布列塔尼图案的花瓶》86
《有黄色基督的自画像》83
《有两位布列塔尼妇女的风景画》76
《有孔雀的风景画》106
《有树的凹地和房屋》23
《月亮与大地》101

Z
《召唤》147
《爪哇姑娘阿娜》112
《在波浪里|美人鱼》42
《在腓列特斯贝公园溜冰》28
《在戈尔戈塔教堂的自画像》126
《在海边》102
《早安,高更先生》78
《贞洁的丧失|春天的复苏》89
《正在缝纫的梅特·加德》15

《桌子前的自画像》16
《自画像：献给拉瓦尔》63
《自画像｜悲惨世界》59
《自画像》（1877）9
《自画像》（约1903）148
《自塑像》87

其他画作者及作品

A
埃米尔·伯纳德
 《爱林中的玛德莱娜》90
 《草坪上的布列塔尼人》71

爱德华·马奈
 《奥林匹亚》124

爱德华·蒙克
 《人生之舞》137

爱德华·维亚尔
 《自画像》119

B
保罗·塞吕西耶
 《护身符》39
 《孤独》39

C
查尔斯·拉维尔
 《围栏》55

F
费迪南德·霍德勒
 《第一天》136

G
古斯塔夫·克里姆特
 《贝多芬的边饰带》135

葛饰北斋
 《相扑者》（选自漫画）70

M
莫里斯·丹尼斯
 《四月》118

O
欧仁·德拉克罗瓦
 《雅各与天使博斗》68

W
瓦西里·康定斯基
 《即兴14号》142

文森特·凡·高
 《高更的椅子｜空椅》67
 《吉诺夫人》64
 《自画像：献给高更》66

与高更相关的图片

B
巴勃罗·毕加索 149
保罗·高更 7，12，59
保罗·高更和他的妻子梅特·加德 16
保罗·高更在蓬塔旺 51

D
戴着阿斯特拉罕羊皮帽的高更 107

G
高更的儿子，两幅埃米尔·高更的画像 18
高更的儿子，让-勒内·高更 18
高更的姐姐，玛利亚·乌里贝 12
高更的母亲，阿琳娜·玛丽·沙扎尔 8，9
高更的妻子，梅特·加德 14
高更的外婆，弗洛拉·特里斯坦 8
古斯塔沃·阿罗萨 13

W
文森特·明内利导演《欲海浮生》（1956）剧照 152
1889年巴黎世博会图片 75

参考书目

SCRITTI DI GAUGUIN:
Noa noa, Voyage de Tahiti, fac-simile del manoscritto originale con illustrazioni di Gauguin, Berlino 1926 (ed. it. *Noa Noa e altri scritti*, Milano 1941); *Ancien Culte Mahorie*, con una postfazione di R. Huyghe, Parigi 1951; i due principali scritti di Gauguin sulla Polinesia sono stati recentemente ripubblicati in edizione italiana: *L'isola dell'anima. Gli antichi culti maori e i diari di viaggio a Noa Noa illustrati dall'autore*, Como 1987; *Avant et Après*, fac-simile, Lipsia 1918; *Racontars de rapin*, Parigi 1951; *Cahier pour Aline*, fac-simile del manoscritto originale a cura di S. Damiron, Parigi 1962; *Carnet de croquis 1884-1888*, comprendente le *Notes Synthétiques* in fac-simile, presentazione di J. Rewald e R. Cogniat, Parigi 1963; *Paul Gauguin. Scritti di un selvaggio*, a cura di M. Brusa, Parma 1988; *Paul Gauguin, la vita e le opere attraverso gli scritti*, Novara 1993.

CORRISPONDENZA:
Lettres de Gauguin à Daniel de Monfreid, con un omaggio di V. Segalen, Parigi 1919 (ed. riveduta Parigi 1950); *Letters to Ambroise Vollard and André Fontainas*, a cura di J. Rewald, San Francisco 1943; *lettres de Gauguin à sa femme et à ses amis*, a cura di M. Malingues, Parigi 1946 (ed. it. *Lettere a sua moglie e ai suoi amici*, Milano 1984); *Lettres de Paul Gauguin à Emile Bernard 1888-91*, con un testo di E. Bernard, Ginevra 1954; *Lettres de Gauguin, Gide Huysmans, Jammes, Mallarmé, Verhaeren… à Odilon Redon*, presentazione di A. Redon e R. Bacou, Parigi 1960; *45 lettres de Gauguin à Vincent, Théo et Jo van Gogh*, presentazione di D. Cooper, Losanna 1983; *Correspondence de Paul Gauguin 1873-1888*, a cura di V. Merlhe, Parigi 1984; P. Gauguin-V. e T. van Gogh, *Sarà sempre amicizia tra noi. Lettere 1887-1890*, a cura di V. Merlhe, Milano 1991; *A proposito di Vincent van Gogh*, Pistoia 2001.

MONOGRAFIE PIÙ RECENTI:
J. Rewald, *Gauguin*, New York 1954; F. Cachin, *Gauguin*, Parigi 1968 (ed. riveduta e aggiornata Milano 1988); G. Wildenstein e R. Cogniat, *Paul Gauguin: I Catalogue*, Parigi 1964 (ed. it. *Gauguin*, Milano 1972; G. M. Sugana, *L'opera completa di Gauguin*, Milano 1972; P. Callegari, *La vita e l'arte di Paul Gauguin*, Milano 1973; B. Thompson, *Gauguin*, Londra 1987 (ed. it. Milano 1989); E. Kornfeld-J. Herold-E. Morgan, *Paul Gauguin. Catalogue Raisonné of his Prints*, Berna 1988; A. Cachin, *Gauguin "Ce malgré moi de savage"*, Parigi 1989-1993 (ed. it. *Gauguin, "la orana Tahiti"*, Milano 1994); A. M. Damigella, *Gauguin*, dossier di "Art e Dossier", n.32, Firenze 1989; P. Vance, *Gauguin. Capolavori*, trad. it. di M. T. Bonfante, Torriana (FO) 1992; G. Crepaldi, *Gauguin*, Milano 1998.

CATALOGHI DI MOSTRE:
R. Field, *Paul Gauguin. Monotypes*, Filadelfia 1973; M. Bodensen, *Gauguin and Van Gogh in Copenhagen in 1893*, Copenaghen 1984; K. Varnedoe, *Gauguin: Primitivism in 20th Century Art* (New York 1984), New York 1984 (ed. it. Milano 1987); *Le chemin de Gauguin* (Saint-Germain-en-Laye 1985), Saint-Germain-en-Laye 1985; *1886-1986 cent ans. Gauguin à Pont-Aven* (Pont-Aven 1986), Pont-Aven 1986; *Gauguin* (Washington-Chicago 1988-1989), Parigi 1989; *Gauguin* (Parigi 1989), Parigi 1989; *Gauguin e i suoi amici pittori in Bretagna: Pont-Aven e Le Poldu* (Aosta 1993), Milano 1993; *Paul Gauguin e l'avanguardia russa* (Ferrara 1995), Firenze 1995; *Van Gogh e Gauguin. Lo studio del Sud* (Chicago-Amsterdam 2002), Milano 2002.

OPERE A CARATTERE GENERALE:
J. Rewald, *The History of Impressionism*, New York 1946 (ed. it. *La Storia dell'Impressionismo. Rievocazione di un'epoca*, 1976, 2ª ed. Milano 1991); J. Rewald, *Post-Impressionism from Van Gogh to Gauguin*, New York 1956 (3ª ed. New York 1978, ed. it. *Il post-impressionismo. Da Van Gogh a Gauguin*, Firenze 1967); V. Segalen, *Gauguin nel suo ultimo scenario e altri testi da Tahiti*, Torino 1990; A. Terrasse, *Pont-Aven, l'école buissonnière*, Parigi 1993; M. G. Messina, *Alla ricerca delle origini: Gauguin*, in *Le Muse d'oltremare. Esotismo e primitivismo dell'arte contemporanea*, Torino 1993; M. T. Benedetti, *Simbolismo*, dossier di "Art e Dossier", n. 128, Firenze 1997.

REFERENZE FOTOGRAFICHE

Archivio Giunti, Firenze. © Digital image, The Museum of Modern Art, New York/Scala, Firenze: pp. 58, 101; © Album / Contrasto pag. 149.

L'editore si dichiara disponibile a regolare eventuali spettanze per quelle immagini di cui non sia stato possibile reperire la fonte.

图书在版编目（CIP）数据

高更／（意）菲奥雷拉·尼科西亚著；张宸译. —
西安：太白文艺出版社，2018.7
（艺术人生）
ISBN 978-7-5513-1441-1

Ⅰ. ①高… Ⅱ. ①菲… ②张… Ⅲ. ①高更（
Gauguin, Paul 1848-1903）-生平事迹 Ⅳ.
①K835.655.72

中国版本图书馆 CIP 数据核字（2018）第 045921 号

For the original edition
Original title: "Gauguin" by Fiorella Nicosia
Copyright © 2007 by Giunti Editore S.p.A., Firenze-Milano
www.giunti.it
The simplified Chinese edition is published in arrangement through Niu Niu Culture.

Chinese language copyright © 2018 by Phoenix-Power Cultural Development Co., Ltd.
All rights reserved.

著作权合同登记号　图字：25-2018-005 号

艺术人生
高　更
GAO GENG

作　　者	〔意〕菲奥雷拉·尼科西亚
译　　者	张　宸
责任编辑	王婧姝　曹　甜
特约编辑	盛　利
整体设计	Metis 灵动视线
出版发行	陕西新华出版传媒集团
	太白文艺出版社（西安北大街147号　710003）
	太白文艺出版社发行：029-87277748
经　　销	新华书店
印　　刷	北京旭丰源印刷技术有限公司
开　　本	787mm×1092mm　1/16
字　　数	54千字
印　　张	10
版　　次	2018年7月第1版　2018年7月第1次印刷
书　　号	ISBN 978-7-5513-1441-1
定　　价	79.80元

版权所有　翻印必究
如有印装质量问题，可寄出版社印制部调换
联系电话：029-87250869

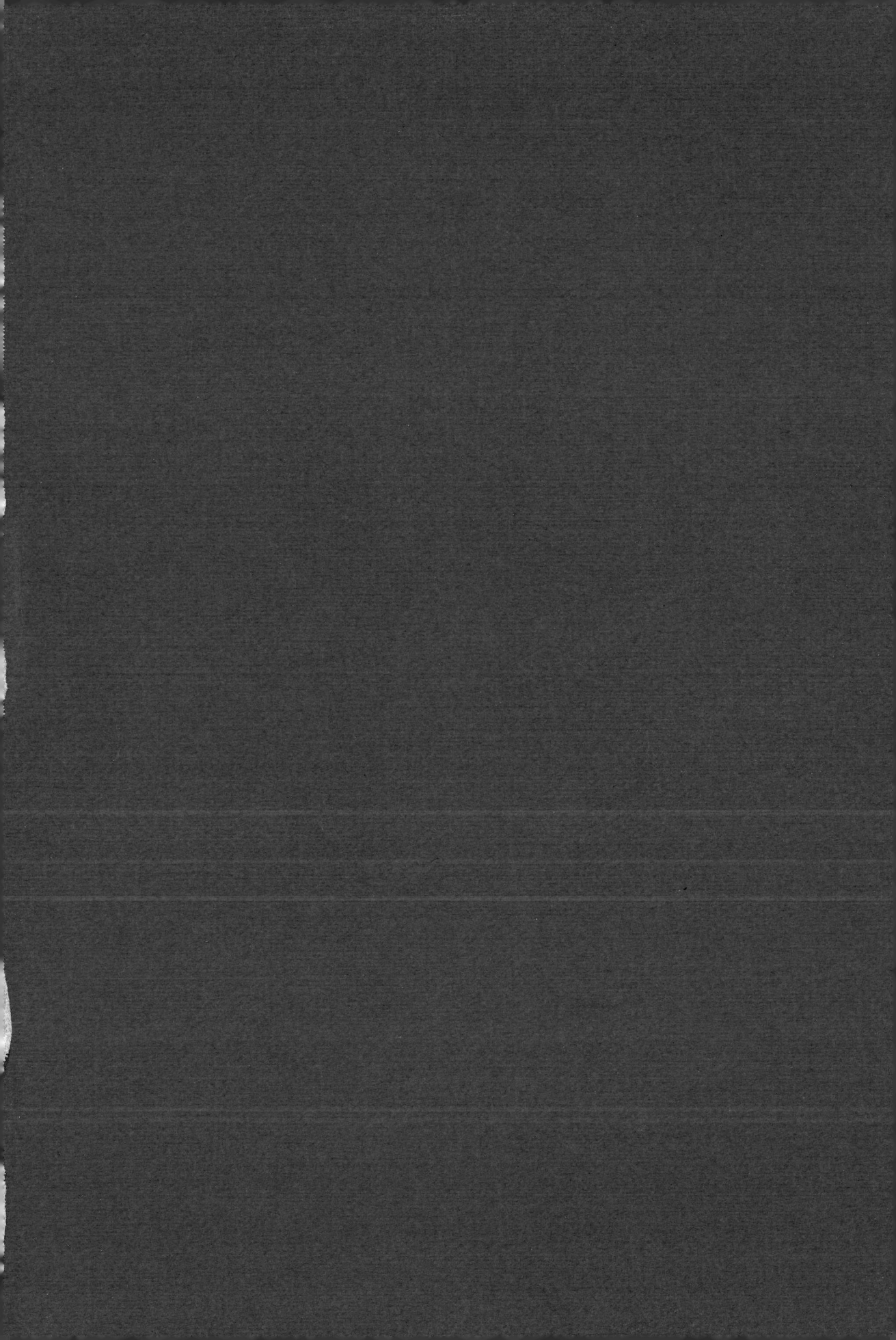